PHÄNOMINT
WISSEN · FORSCHEN · STAUNEN

Nicola Berger
Sabine & Achim Spiritus

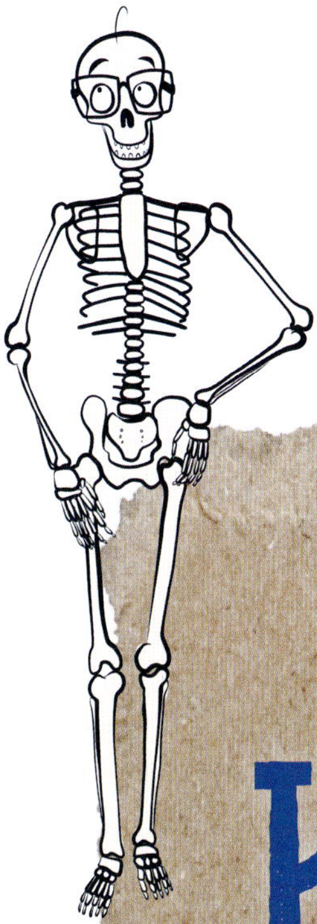

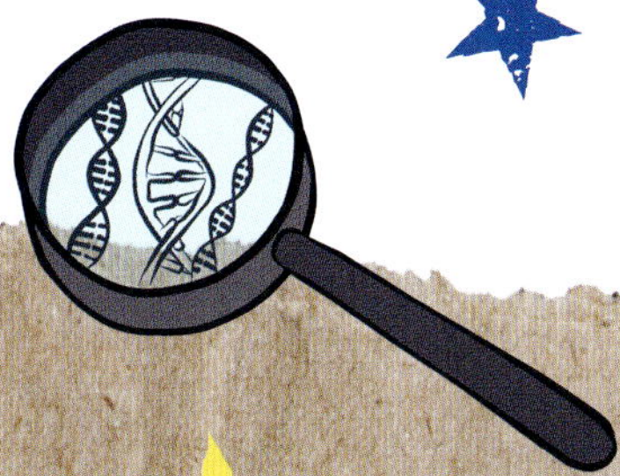

Der Körper

Das Experimentierbuch

mit Illustrationen von
Lucie Göpfert

moses.

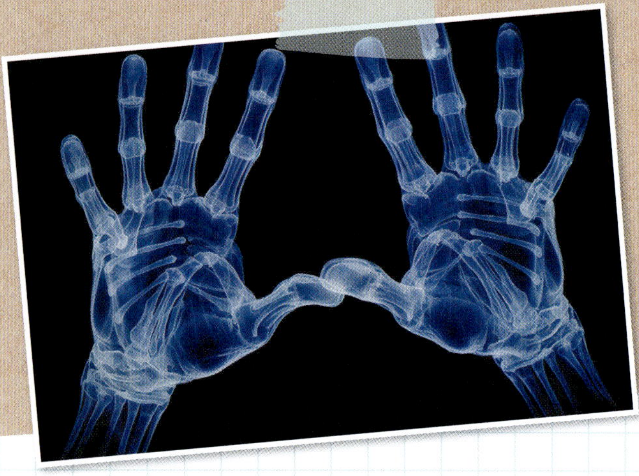
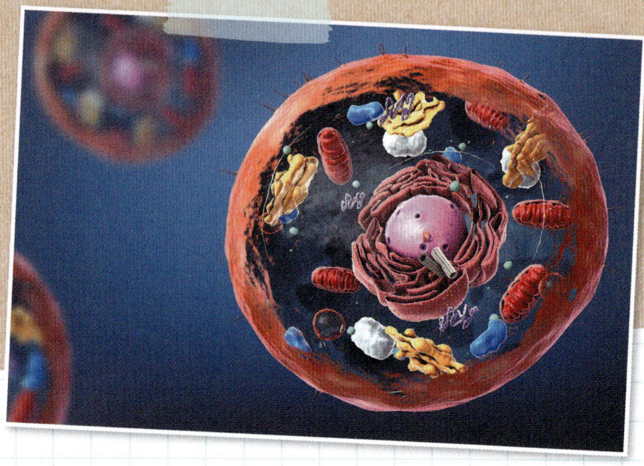

Impressum

moses. Verlag GmbH
Arnoldstraße 13d
47906 Kempen
Fon 02152 - 20 98 50
Fax 02152 - 20 98 60
Mail info@moses-verlag.de
www.moses-verlag.de

ISBN 978-3-96455-319-5

Text: Nicola Berger, Sabine und Achim Spiritus
Illustrationen: Lucie Göpfert
Fachlektorat: Dr. Barbara Kürbi, Dr. Klaus Neumann
Layout, Typographie und Satz: Melanie Dahmen, Grafik-Design & Art-Direction
Herstellung: Nicole Bienia
Redaktion: Geesche Oetken

Bildnachweis

Umschlag: @Adobe Stock: akeeris (Packpapier); yodiyim (Lunge); BillionPhotos.com (DNA); Riz (Muskelhand).
Innen: @Adobe Stock: EverydayStudioArt (S.2 o.l.); Christoph Burgstedt (S.2 o.r.); lavendela (S.3 o.); BlueOrange Studio (S.3 m.); Pixel-Shot (S.3 u.); davit85 (S.7 o.; S.27 o.); Robert Kneschke (S.9 o.); InPixKommunikation (S.11 o.); Firma V (S.13 o.); carlesmiro (S.15 o.); New Africa (S.17 o.); David L/peopleimages.com (S.19 o.); xy (S.21 o.); Africa Studio (S.23 o.l.); Travis (S.23 o.r.); ThorstenSchmitt (S.25); ViDi Studio (S.29 o.); Gregory Johnston (S.31 o.); Racle Fotodesign (S.33 o.); Radomir Jovanovic (S.35 o.); Sébastien Jouve (S.37 o.); ronstik (S.39 o.); magicmine (S.39 m.); Svetlana (S.41 o.); yodiyim (S.41 m.); Danko (S.43 o.); Yura Yarema (S.45 o.); AntonioDiaz (S.47 o.l.); Sebastian Kaulitzki (S.47 o.r.); Asier (S.49 o.l.); magicmine (S.49 o.r.; S.51 o.l.); Federico Rostagno (S.51 o.r.); Dipali S (S.53 o.); JackStock (S.53 o.r.); jchizhe (S.55 o.); Alex Li (S.55 m.l.); Louis-Photo (S.57 o.);
Sonstiges: Privat (S.5 o.); Ruth Klapproth (S.5 m.); Matthias Ritzmann (S.5 u.)

Printed in Poland

Druckprodukt mit finanziellem Klimabeitrag
ClimatePartner.com/14161-2001-1001

FSC www.fsc.org MIX Papier | Fördert gute Waldnutzung FSC® C018236

Herzlich willkommen in Dr. Klappers spannender Welt!

Unser Körper ist wirklich unglaublich. Alles ist genau aufeinander abgestimmt. Unser Herz pumpt unaufhörlich Blut und sorgt dafür, dass alle kleinen Zellen mit Sauerstoff und Nährstoffen versorgt sind. Unser Gehirn macht uns zu Superheld*innen, so dass wir über verschiedene Sinne Dinge wahrnehmen und blitzschnell reagieren können. Und unsere Knochen sind so stabil, dass wir springen, rennen und auch mal hinfallen können, meist ohne dass die Knochen brechen. Wie ist das alles möglich?

In diesem Buch erfährst du allerhand über die kleinen und großen Wunder und Geheimnisse, die den menschlichen Körper ausmachen. Aber nicht nur das: Auf jeder Seite erwartet dich ein Experiment, mit dem du den Körper und seine Bestandteile etwas näher kennenlernen und erfahren kannst, wie dein Körper funktioniert. Finde heraus, welche Sinne es gibt und wie sie funktionieren, lerne, wie das Herz, die Lunge, die Leber und all die anderen Organe arbeiten, aus welchen kleinsten Elementen wir bestehen und vieles mehr!

Am Ende erwarten dich auch noch Quizfragen und Rätsel, mit denen du dein neues Wissen testen kannst!

Das ist Hanna! Sie findet den menschlichen Körper superspannend und hat einen Haufen Fragen.

Ihr alter Kumpel **Dr. Klapper** ist Arzt. Er weiß echt richtig viel und erklärt Hanna gern alles, was sie wissen will.

Zum Glück hat Dr. Klapper immer eine Antwort!

Legende

Am Anfang jedes Experiments findest du eine kleine Übersicht, was dich bei diesem Experiment erwartet:

Dieses Symbol weist darauf hin, welchen Schwierigkeitsgrad das Experiment hat. 1 Stern bedeutet, dass das Experiment ganz einfach ist. 2 Sterne stehen für einen mittleren Schwierigkeitsgrad, 3 Sterne zeigen, dass das Experiment zu den schwierigen gehört.

Dieses Symbol zeigt dir, wie viel Zeit du für das Experiment einplanen musst.

Die Hand bedeutet, dass du Hilfe von einer erwachsenen Person benötigst. Ist sie durchgestrichen, ist keine Hilfe notwendig.

Der Autor, die Autorinnen & die Illustratorin

Der Nächste bitte! **Achim Spiritus** ist Arzt. So wie Dr. Klapper. Am menschlichen Körper findet er besonders spannend, dass es immer noch so viele Dinge gibt, die wir in der Medizin nicht erklären können. Er liebt es besonders, seinen drei Kindern allerhand aufregende Sachen über die Funktionen im Körper zu erklären. Sein lustigstes Erlebnis in seiner Praxis war die Entdeckung eines kleinen Käfers, der im Ohr eines Patienten steckte und um keinen Preis herauskommen wollte.

Und jetzt bitte mal weit aufmachen! **Sabine Spiritus** ist Zahnärztin. Alles rund um Zähne, Mund und Kiefer ist ihre Welt. Besonders mag sie, kleine Geschenke in ihre Schatzkiste zu füllen, als Belohnung für Kinder mit besonders gut geputzten und gesunden Kinderzähnen. Wer saubere Zähne hat, geht nämlich auch gern in die Zahnarztpraxis. Und ihr witzigstes Erlebnis war ein ganz kleiner Junge, der in der Praxis das erste Mal mit Zahnpasta Milchzähne geputzt hat. Er fand das so lecker, dass er die Zahnbürste gar nicht mehr hergeben wollte.

Nicola Berger ist Autorin. Sie schreibt Bücher für Kinder und entwickelt Spiele für Kinder und Erwachsene. Den menschlichen Körper findet sie richtig spannend und beim Schreiben dieses Buches hat sie noch so viel Neues gelernt. Besonders interessant fand sie zum Beispiel, dass Babys schon im Mutterleib tasten können und wie eine Venenklappe funktioniert. Unglaublich!

Bitte mal kurz stillhalten! **Lucie Göpfert** ist Illustratorin. Sie zeichnet total gerne spannende (und auch ein bisschen eklige) Experimente und knifflige Spiele. Lucie mag es, scheinbar komplizierte Dinge in leicht verständliche Bilder zu bringen. Am allerliebsten aber denkt Lucie sich lustige Figuren aus, wie zum Beispiel Dr. Klapper im Spagat.

Das erwartet dich in diesem Buch:

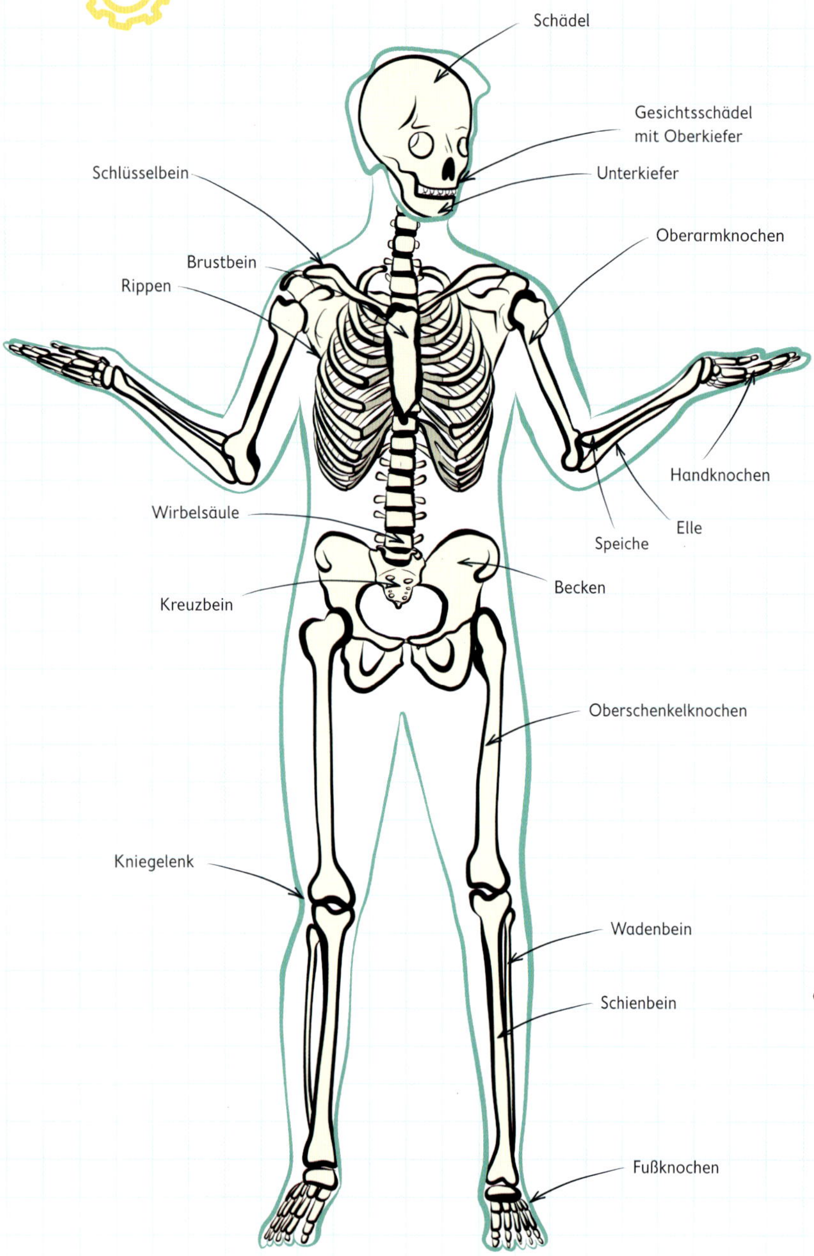

Alles klar?
Spannende Rätsel und Quizfragen zu den einzelnen Kapiteln findest du ab Seite 58.

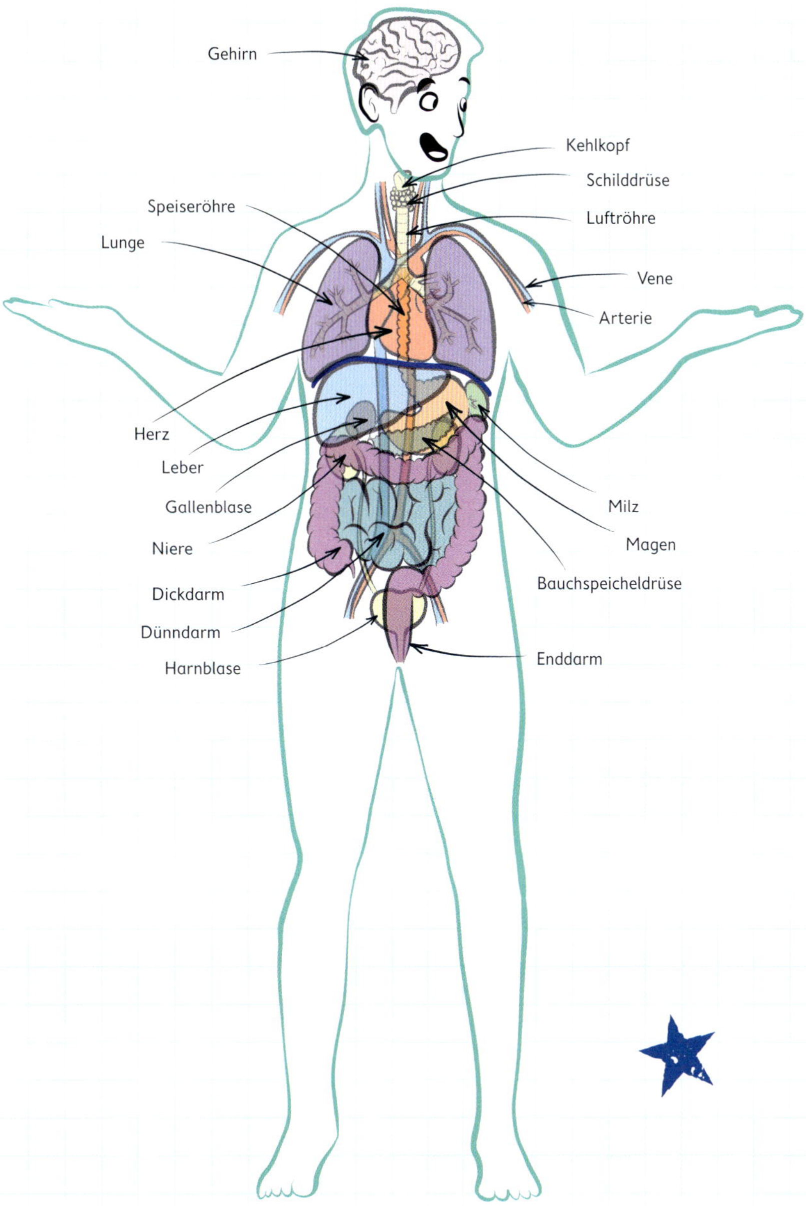

5 min. nein

Hör mal hin!

Du brauchst:

- 2 Weingläser aus feinem Glas
- Klarsichtfolie
- Reiskörner
- etwas Wasser

Unser Gehör ist schon echt superpraktisch! Du kannst über deine Ohren wahrnehmen, wenn sich zum Beispiel ein Auto auf einer Straße nähert. So kannst du Gefahren aus dem Weg gehen, noch bevor du sie siehst. Wenn du das nächste Mal im Wald bist, sei mal ganz leise und achte nur darauf, was du mit deinem Gehör alles wahrnehmen kannst: das Zwitschern eines Vogels, das Rauschen der Blätter im Wind, das Knacken der Zweige und vielleicht hörst du sogar eine kleine Maus durch das Unterholz huschen. Es ist erstaunlich, wie fein unser Hörsinn ist. Aber wie funktioniert das mit dem Hören eigentlich? Mit diesem Experiment findest du es heraus.

So geht's:

1. Spanne Klarsichtfolie über eines der Gläser. Gib einige Reiskörner darauf.

2. Jetzt versuchst du erst einmal, das zweite Glas zum Singen zu bringen. Fülle etwas Wasser in das Glas. Befeuchte deinen Zeigefinger mit Wasser, halte das Glas mit der einen Hand am Fuß fest und streiche mit dem Zeigefinger leicht über den Rand des Glases. So versetzt du das Glas in Schwingung und hörst einen singenden Ton. Eventuell braucht es etwas Übung, bis es klappt. Mach den Finger nochmal nass und probiere es einfach, bis du ein Gefühl dafür bekommst und den Ton erzeugst.

3. Jetzt kommt es zum eigentlichen Experiment: Stelle beide Gläser nah nebeneinander. Sie berühren sich aber nicht. Nun erzeugst du deinen Zauberton wie unter Punkt 2. Achte auf die Reiskörner. Was geschieht mit ihnen?

Es passiert nichts? Dann schiebe die Gläser nochmal näher zusammen.

Hey, die Reiskörner tanzen ja!

Warum tanzen die Reiskörner?

Wenn du mit dem angefeuchteten Finger über den Rand eines dünnen Glases fährst, entstehen über die Reibung Schwingungen. Das ist ein bisschen so wie eine Götterspeise, die von einer Seite zur anderen wackelt. Diese Schwingungen sind sogar auf dem Flüssigkeitsspiegel im Glas sichtbar. Du kannst bei genauem Hinsehen erkennen, wie die Wasseroberfläche zittert. Stellt man nun die beiden Gläser eng zusammen, werden diese Schwingungen über die Luft auf das benachbarte Glas übertragen. Die über das zweite Glas gespannte Folie beginnt mitzuschwingen und lässt die Reiskörner tanzen.

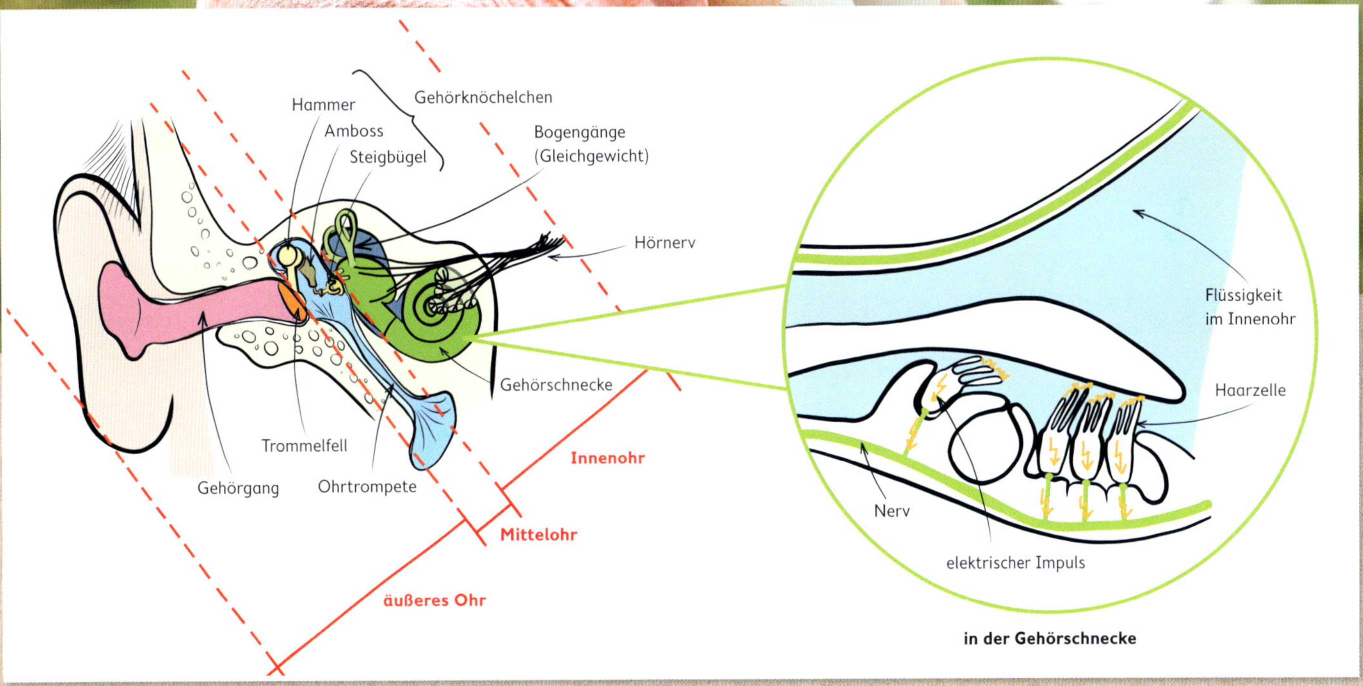

Was hat das Experiment mit dem Hören zu tun?

Ein bisschen so wie bei deinem Experiment ist das auch bei deinem Ohr: Die Schwingungen des Glases (wir nennen sie auch Schallwellen) werden über die Luft übertragen und lassen das Trommelfell, das sich am Ende deines Gehörgangs im Inneren deines Ohres befindet, tanzen. Wie die Klarsichtfolie, die du bei dem Experiment über das Glas gespannt hast, leitet das Trommelfell die Schallwellen durch das Mitschwingen von außen an die Gehörknöchelchen des Mittelohrs weiter. Diese Gehörknöchelchen haben sehr lustige Namen: Sie heißen Hammer, Amboss und Steigbügel, weil sie auch ein bisschen so aussehen wie ein Hammer, ein Amboss und ein Steigbügel. Sie verstärken die Schwingungen und leiten diese ins Innenohr weiter. Hier, in der sogenannten Gehörschnecke, werden sie in Nervenimpulse umgewandelt, die wir als Geräusche wahrnehmen. Das Trommelfell hat noch eine weitere wichtige Aufgabe: Es trennt das Außenohr vom Mittel- und Innenohr ab und schützt es so vor Krankheitserregern.

Das Innenohr ist mit Flüssigkeit gefüllt, die durch den Schall von Tönen, Geräuschen und Klängen in Schwingungen versetzt wird. Viele winzige Haarzellen strecken ihre Haare in die Flüssigkeit und nehmen über diese Schwingungen die Tonhöhe und Lautstärke des Schalls wahr. Und das unglaublich schnell: Pro Sekunde können etwa 20 Signale als einzelne Töne erfasst werden.

Das Innenohr ist winzig klein. Die Gehörschnecke ist zum Beispiel nur so groß wie eine Erbse.

15 min. ja

Stelle deinen Tastsinn auf die Probe!

Du brauchst:

- einen Schuhkarton
- eine spitze Schere
- Gegenstände, die du in die Box legen kannst und die sich ganz unterschiedlich anfühlen, z. B.: eine Orange, einen Bauklotz, einen Tannenzapfen, … (Achtung: nur Gegenstände, an denen man sich nicht verletzen kann!)

Kennst du das? Du kramst in deiner Schultasche herum und ohne hinzusehen findest du dein Mäppchen oder deine Butterbrotdose. Weil du weißt, dass sich das Mäppchen zum Beispiel rau und die Brotdose glatt und kühl anfühlt. Mit diesem Experiment kannst du testen, wie gut du mit den Fingern fühlen kannst. Kannst du Gegenstände nur mithilfe deines Tastsinns erraten?

So geht's:

1. Schneide ein Loch in den Deckel des Kartons. Es muss so groß sein, dass deine Hand gerade so hineinpasst.

2. Lege deine gesammelten Fühlgegenstände in den Karton, ohne dass dein Partner oder deine Partnerin sieht, was es ist. Schließe den Karton anschließend.

3. Jetzt lässt du die zweite Person die Hand durch das Loch stecken. Wie viele Gegenstände kann er oder sie nur durch Fühlen erraten? Anschließend tauscht ihr die Rollen und dein Partner oder deine Partnerin darf die Fühlbox für dich füllen.

Tolles Spiel für Kindergeburtstage!

Wenn du Lust hast, kannst du deine Tastbox auch bunt bemalen.

Warum kann man die Gegenstände nur durch Tasten erraten?

Schon bevor Babys im Bauch der Mutter hören oder sehen können, ertasten sie sich und ihre Umgebung. Der Tastsinn ist der Sinn, der zuallererst ausgebildet ist. Unser Gehirn lernt sehr schnell, wie sich unterschiedliche Dinge anfühlen, und erinnert sich an das Gefühl, auch wenn unsere Augen gerade nicht sehen, was sie berühren. Wir wissen natürlich, dass ein Kuscheltier weich und eine Kiwi haarig ist, wie hart sich ein Golfball im Gegensatz zum etwas weicheren Flummi anfühlt und dass der Baustein an den Seiten glatt ist und acht Ecken hat. Und wenn du diese Dinge nun blind ertastest, dann erinnerst du dich an dieses Wissen. Ist es nicht klasse, was wir mit unseren Sinnen alles können?

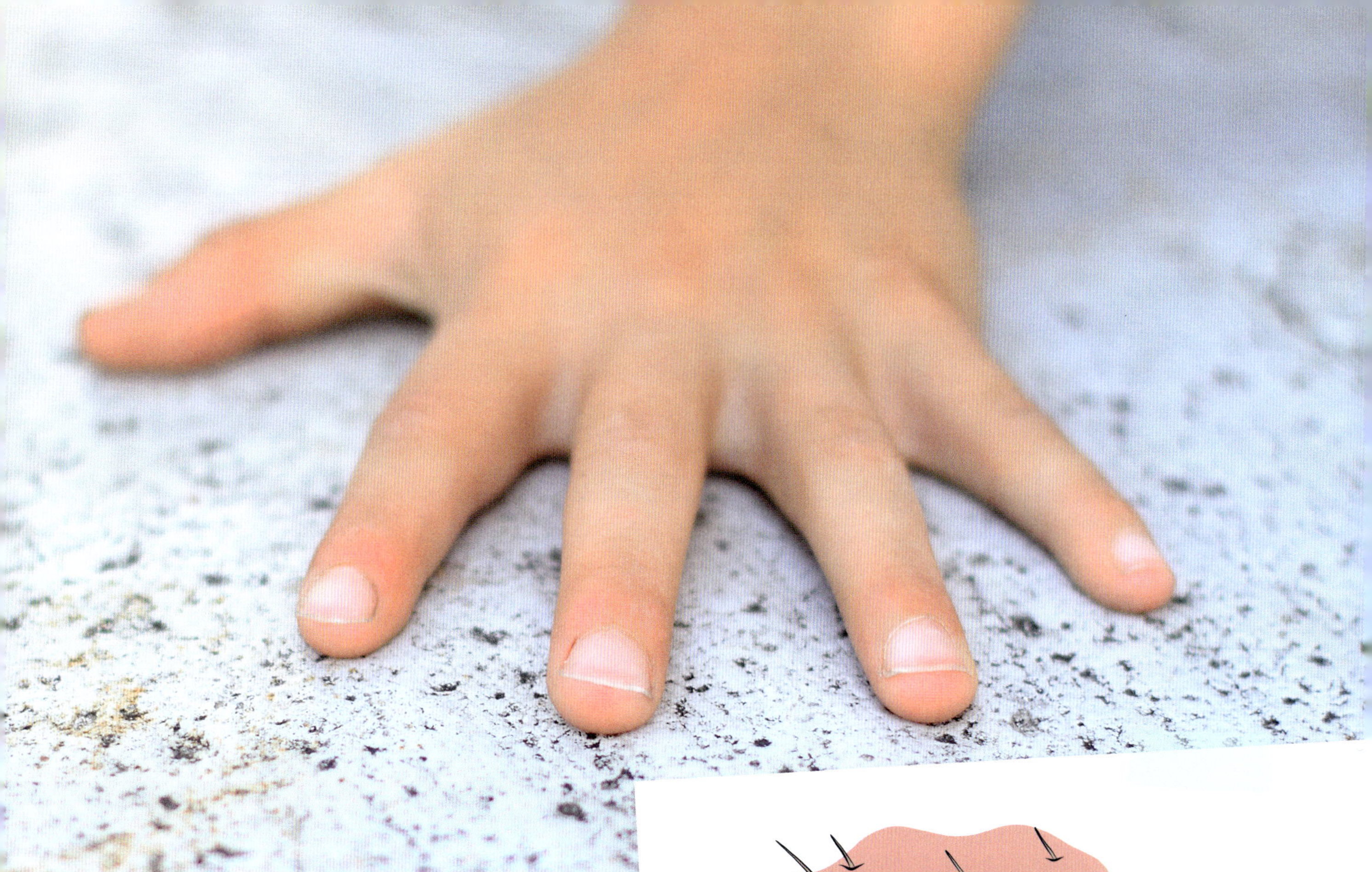

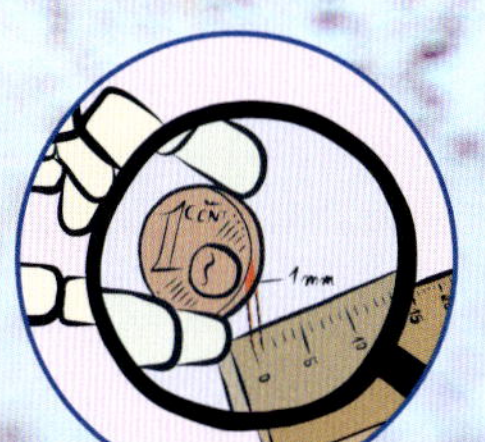

Was du hier siehst, ist in Wirklichkeit sehr dünn, etwa 1 bis 2 mm. Schau dir mal auf einem Lineal an, wie wenig das ist!

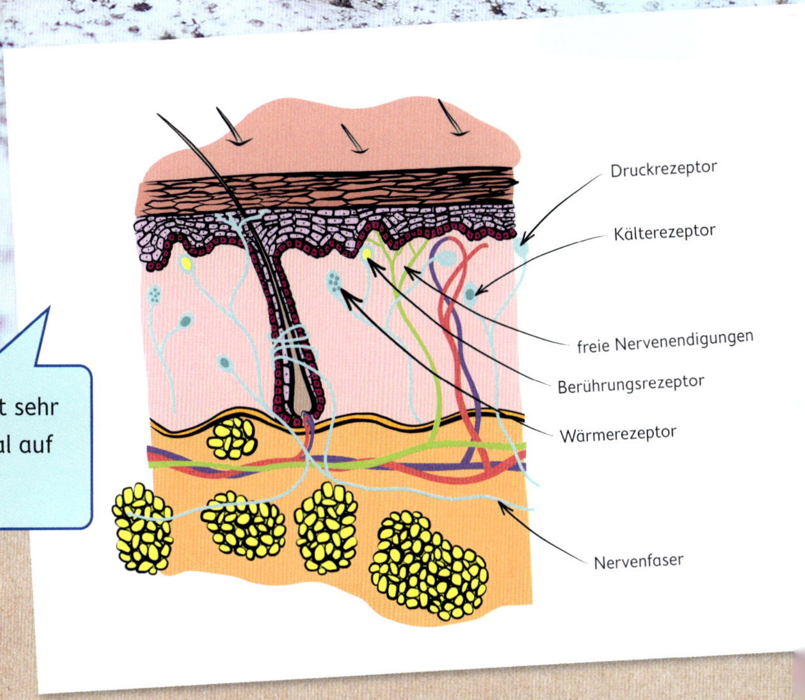

Wie funktioniert unser Tastsinn?

In der Haut befinden sich über Tausende ganz besondere Zellen, die wir Rezeptoren nennen. Sie leiten unterschiedliche Empfindungen, wie zum Beispiel Temperatur, Schmerz oder Druck, über superschnelle Nervenfasern über das Rückenmark an das Gehirn. So ziehst du zum Beispiel schnell deine Hand zurück, wenn du versehentlich etwas zu Heißes angefasst hast. Das nennt man einen Reflex. Der Reflex, die Hand zurückzuziehen, wird vom Rückenmark veranlasst. Und die Information, dass etwas heiß war, wird nahezu gleichzeitig an dein Gehirn weitergeleitet. Bei unserem Experiment muss das Nervensystem mit unserem Gehirn eng zusammenarbeiten, da die empfundenen Reize (hart, weich, groß, klein, glatt, rau, warm, kalt usw.) mit einer Erinnerung an einen Gegenstand verknüpft werden müssen. So kannst du nur mit der Haut deiner Finger den Gegenstand ertasten. Besonders viele Berührungsrezeptoren sind in der Haut der Finger, der Lippen und der Zunge.

Klappt das Tastbox-Experiment auch mit Handschuhen?

Die Handschuhe von uns Ärzt*innen sind möglichst dünn, damit uns so wenig Tastgefühl wie möglich verloren geht. Wenn man aber mit dicken Winterhandschuhen in die Kiste greift, dann wird es schon ganz schön schwierig. Probiere dein Experiment doch mal mit Haushaltshandschuhen und Winterhandschuhen aus!

5 min. ja

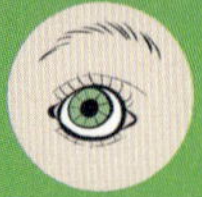

Du brauchst:

- eine Küchenpapierrolle
- einen Bleistift
- ein Lineal
- eine spitze Schere

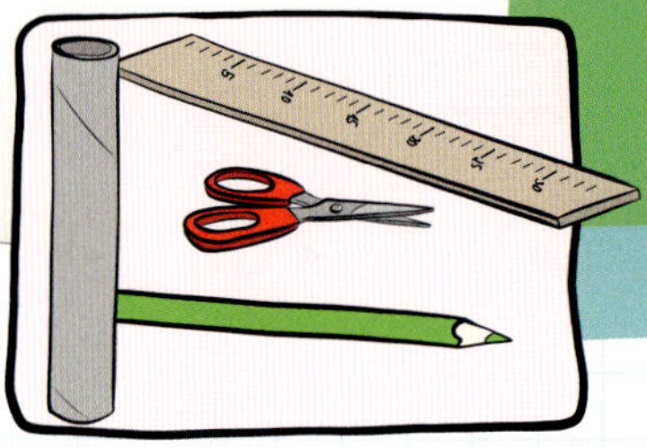

Augen auf!

Neben dem Hör- und dem Tastsinn gibt es auch den Sehsinn. Hast du mal beobachtet, dass die Pupille, also der kleine schwarze Punkt in der Mitte des Auges, manchmal größer und manchmal kleiner aussieht? Die Pupille ist eine kleine Öffnung, durch die Licht in das Auge gelangt. Bei diesem Experiment bastelst du dir ein Untersuchungsgerät, mit dem du beobachten kannst, wie sich eine Pupille weitet und verengt.

So geht's:

1. Zeichne ein 10 x 4 cm großes Rechteck seitlich auf die Küchenrolle.

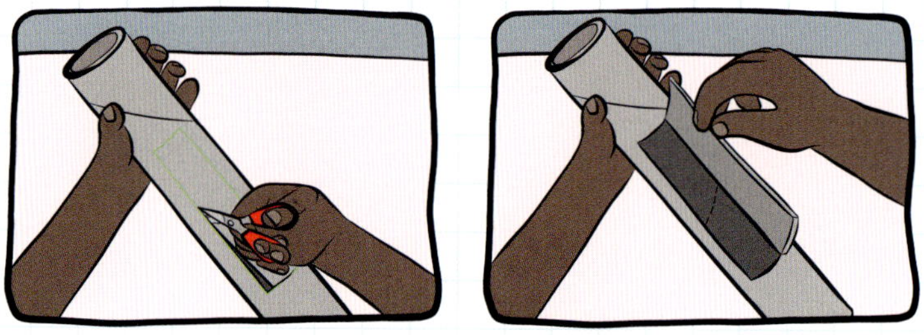

2. Schneide drei Seiten des Rechtecks aus, eine lange Seite lässt du stehen. Hiermit kannst du deine Klappe öffnen.

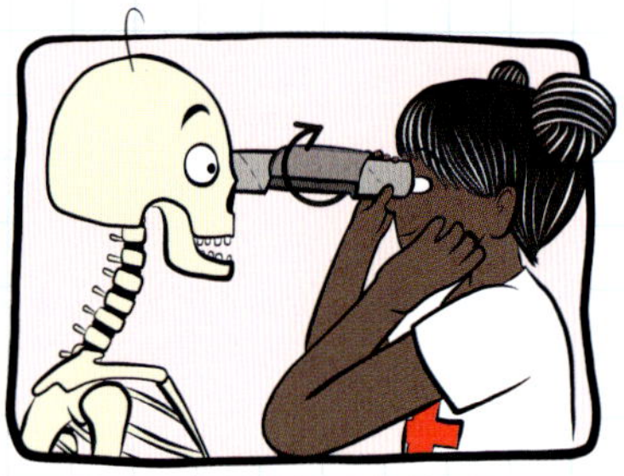

3. Jetzt brauchst du eine Partnerin oder einen Partner. Stellt euch in einen hell erleuchteten Raum. Halte das Beobachtungsgerät vor das Auge der Partnerin oder deines Partners mit der Öffnung nach unten und dreh die Öffnung dann so, dass du die Pupille gerade so sehen kannst.

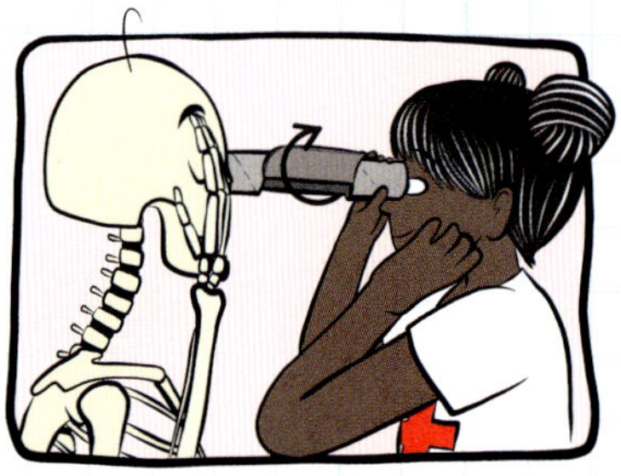

4. Wenn du die Pupille gut beobachten kannst, hält die andere Person sich das freie Auge mit der Hand zu. Siehst du, wie sich die Pupille weitet? Nun nimmt die andere Person die Hand schnell wieder weg. Jetzt kannst du beobachten, wie die Pupille wieder kleiner wird.

Gestalte dein Pupillenbeobachtungsgerät kunterbunt, indem du es mit farbigen Papierschnipseln beklebst!

Warum verengt und weitet sich die Pupille?

Vielleicht kennst du das Gefühl, wenn du plötzlich von einem dunklen in einen sehr hellen Raum gehst oder wenn du an einem sehr sonnigen Tag aus dem Keller kommst und dann nach draußen gehst. Dann schmerzt das helle Licht regelrecht im Auge. Um die dahinterliegende Netzhaut zu schützen, verengt sich die Pupille und lässt so weniger Licht durch. Praktisch, oder? In unserem Versuch ist es genau andersherum: Hier weitet sich die Pupille, wenn deine Testperson sich das Auge zuhält. Das kannst du durch das Untersuchungsgerät beobachten. Damit reagiert die Pupille darauf, dass es am anderen Auge dunkel wird. Nimmt die Testperson die Hand dann weg, wird es heller, und beide Pupillen reagieren, indem sie sich verengen. Beide Augen arbeiten gut zusammen: Auch wenn sich das Licht nur für ein Auge verändert, weiten oder verengen sich beide Pupillen.

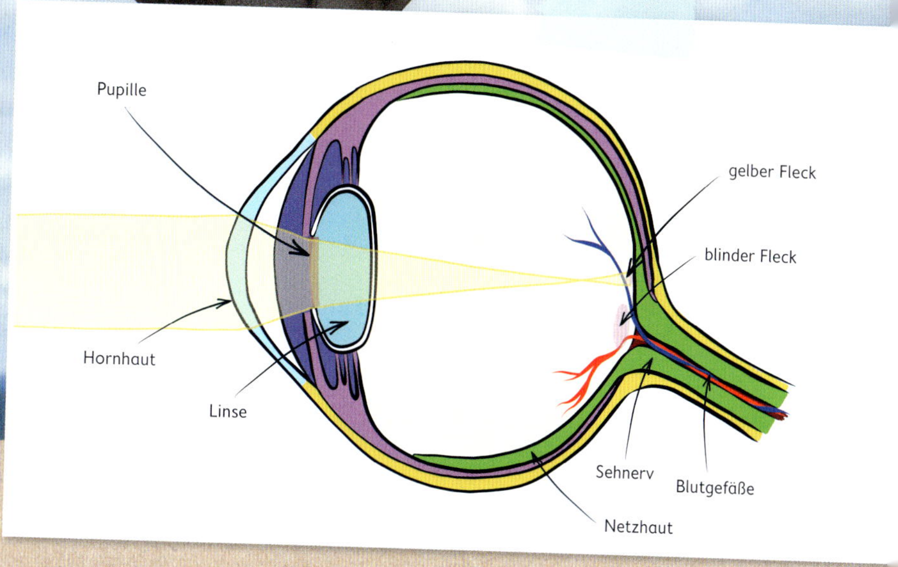

Wie können wir mit unseren Augen sehen?

Unsere Augen sind echte Superorgane. Anhand des Experiments hast du gesehen, wie sich die Pupillen automatisch an die Lichtverhältnisse anpassen. Aber unsere Augen können noch viel mehr: Sie verarbeiten blitzschnell Millionen von Informationen und zeigen uns so Bilder unserer Umwelt. Fällt Licht durch deine Pupille, wird es durch die Linse gebündelt und dann auf die Netzhaut geworfen. Hier befinden sich Zellen, die das Licht in Nervenimpulse umwandeln. Diese Nervenimpulse werden dann über den Sehnerv an das Gehirn weitergeleitet und dort zu einem Bild zusammengesetzt.

Das kannst du dir ein bisschen vorstellen wie bei einer Photovoltaikanlage. Wenn die Sonne scheint, fließt Strom durch das Kabel und die Glühbirne brennt. Scheint die Sonne nicht, brennt auch die Glühbirne nicht. Die Photovoltaikanlage ist die Zelle auf der Netzhaut, das Kabel ist der Sehnerv und die Glühbirne ist das Bild, das du siehst.

10 min. ja

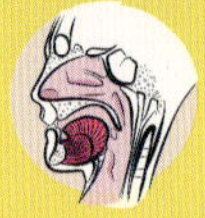

Duften, müffeln, stinken

Schnüff! Schnüff! Hast du schon mal verdorbene Milch gerochen? Schon bei dem Geruch wird uns schlecht, noch bevor wir auch nur einen Schluck der sauren Milch zu uns genommen haben. Unser Körper warnt uns: Vorsicht! Hier ist etwas nicht mehr in Ordnung! Lieber nicht trinken! Toll, oder? Kannst du unterschiedliche Lebensmittel am Geruch erkennen? Teste deinen Geruchssinn mit diesem Duft-Memo!

Du brauchst:

- Pappbecher
- verschiedene Lebensmittel, die stark duften, zum Beispiel: Kräuter, Ingwer, Orange, Knoblauch, Käse oder Popcorn
- einen Schal

So geht's:

1. Fülle in jeweils zwei Becher eine kleine Menge der unterschiedlichen Lebensmittel und stelle die Becher zusammen auf einen Tisch. Teste am besten einmal, ob man die verschiedenen Gerüche gut wahrnehmen kann.

2. Verbinde der zweiten Person die Augen mit dem Schal.

3. Gib der Person die Becher nacheinander in die Hand. Allein durch den Geruchssinn soll sie nun die Duft-Paare finden. Anschließend wechselt ihr die Rollen.

Welche Düfte erinnern dich an Situationen oder Personen? Fallen dir welche ein?

Warum kann ich Lebensmittel nur mit Hilfe meiner Nase erraten?

In der Natur können fast alle Dinge, Menschen und Tiere ihren Duft abgeben, den du dann über deinen Geruchssinn wahrnimmst. Noch schneller als beim Sehen, Hören oder Tasten reagieren wir oft unterbewusst, also ohne darüber nachzudenken, auf Gerüche. Gerüche können auch Gefühle in uns auslösen und manchmal erinnern uns Düfte an bestimmte Dinge: Der Duft von gebrannten Mandeln könnte dich zum Beispiel an den letzten Besuch auf dem Weihnachtsmarkt erinnern. Die Nase kann über 400 verschiedene Gerüche unterscheiden, die uns dann auch im Gedächtnis bleiben. So schaffst du es selbst mit verbundenen Augen, die verschiedenen Düfte zu erkennen und die Duftpaare zu finden.

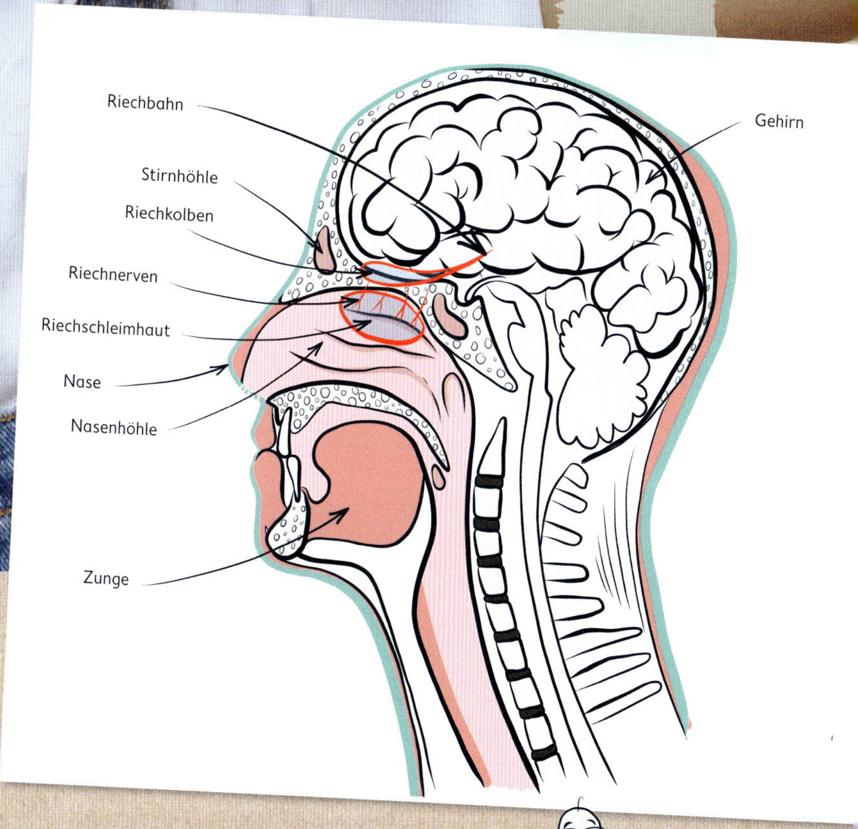

Wie riechen wir?

Durch die Atemluft gelangen Duftstoffe an die Nervenenden unseres Riechorgans. Das Riechorgan sitzt oben in der Nase direkt am Schädelknochen, ist so groß wie ein Bonbon und ragt mit etwa 20 Millionen Riechnervenzellen über die Riechbahn und den sogenannten Riechkolben ins Gehirn. Der Geruchssinn ist wichtig, um uns vor verdorbenem oder giftigem Essen zu schützen. Er ist aber auch ein Warnsignal: Wenn zum Beispiel auf dem Herd etwas anbrennt, riechst du es zuerst. Unsere Sinne sind also wie eine eingebaute Alarmanlage.

15 min. ja

Mjammi!

Hören, Tasten, Sehen, Riechen. Was fehlt noch? Der Geschmackssinn natürlich! Es ist schon erstaunlich: Bereits kleine Kinder wissen genau, was sie mögen und was nicht. Und das kann ganz unterschiedlich sein. Unser Geschmackssinn verrät uns, was wir essen möchten. Teste es mal aus: Schaffst du es, Lebensmittel allein am Geschmack zu erraten?

Du brauchst:

- Himbeeren, Erdbeeren, Apfel
- Salzstangen
- Kartoffelchips
- Gabel
- Teller
- Reibe
- kleine Löffel
- einen Schal

So geht's:

1. Zuerst zermatschst du je eine Himbeere und eine Erdbeere, reibst etwas Apfel, zerkrümelst die Salzstange und einen oder zwei Chips, gibst jeweils etwas davon auf je einen der Teelöffel und legst die Löffel auf den Teller.

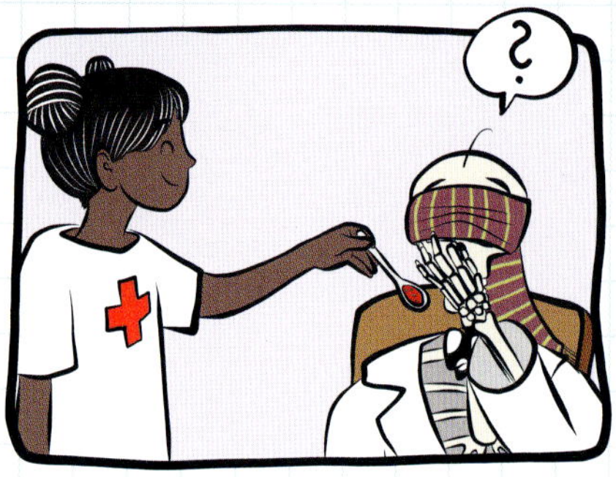

2. Verbinde der zweiten Person die Augen und lass sie sich die Nase zuhalten. Nun probiert sie nacheinander alle Lebensmittel. Da du die Lebensmittel zerkrümelt oder zermatscht hast, wird es etwas schwerer, weil man sie nicht mehr anhand ihrer Form erkennt. Schafft es die Person, die Lebensmittel mit verbundenen Augen und zugehaltener Nase zu erraten?

3. Probiert das Experiment nochmal, ohne die Nase zuzuhalten. Klappt es nun besser?

4. Anschließend wechselt ihr die Rollen. Kannst du die Erdbeere von der Himbeere und Chips von Keksen unterscheiden? Ihr könnt auch, um es schwerer zu machen, andere Lebensmittel wählen.

Warum ist es schwerer, Lebensmittel mit zugehaltener Nase zu erraten?

Wenn du dir die Nase zuhältst, kannst du zwar erkennen, ob etwas süß, sauer oder salzig ist, aber es ist schwer zu entscheiden, ob es sich zum Beispiel um eine Erdbeere oder eine Himbeere, um eine Salzstange oder einen Kartoffelchip handelt. Das liegt daran, dass die Nase genauso wichtig für den Geschmackssinn ist wie die Zunge. Erst, wenn wir die Nase nicht mehr zuhalten, können wir sagen, was genau wir gerade essen. Halte dir mal die Nase zu und nimm eine Himbeere in den Mund! Was schmeckst du? Öffne die Nase dann! Merkst du, wie sich der Geschmack sofort ändert und du viel mehr wahrnimmst? Erstaunlich, oder?

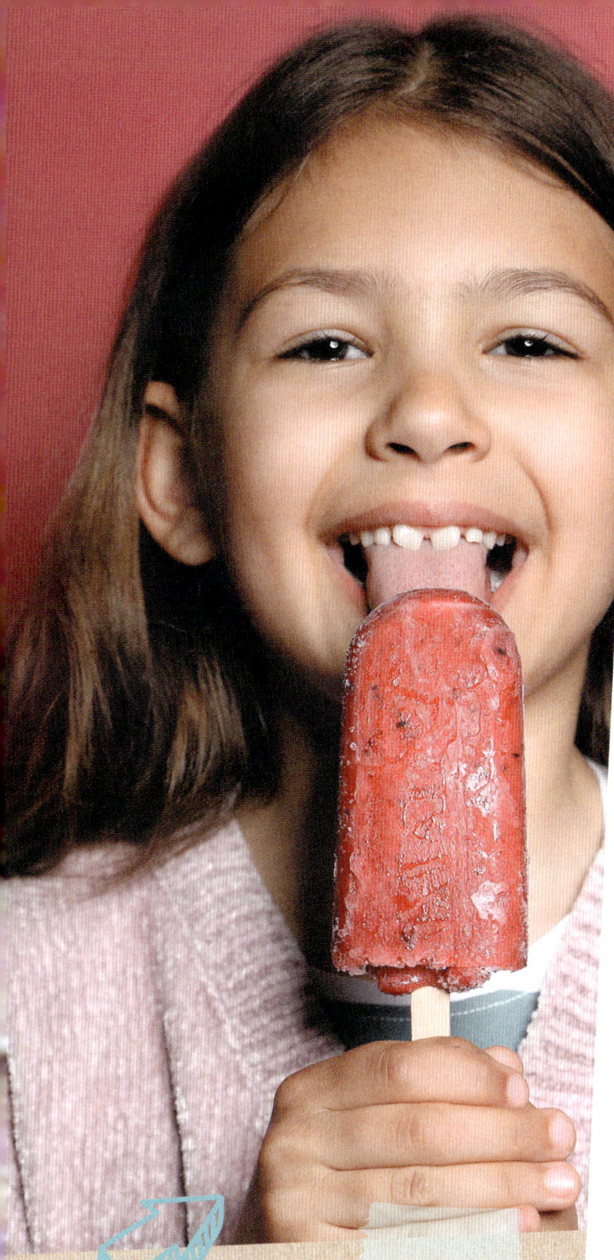

Welche Geschmacksrichtung magst du am liebsten?

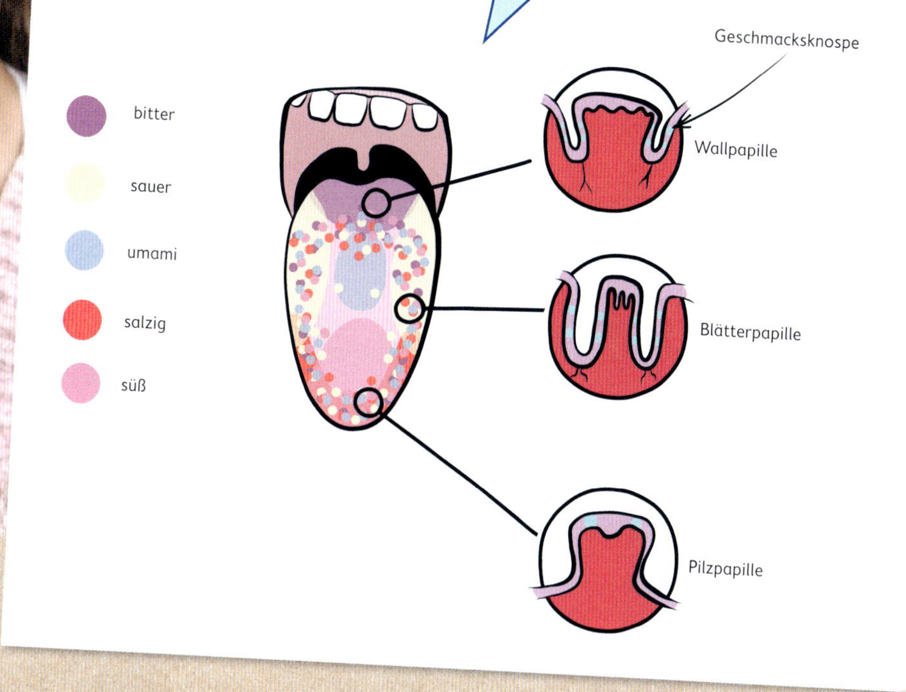

Wie schmecken wir mit unserer Zunge?

Die Zunge ist ein Organ mit einer riesigen Oberfläche. Auf ihr befinden sich unzählige Geschmackspapillen. Papillen sind wie kleine Knötchen auf der Zungenoberfläche. Diese Papillen haben unterschiedliche Formen: An der Zungenspitze befinden sich sogenannte Pilzpapillen. Sie sehen ein bisschen aus wie winzige Pilze und tragen ihre Geschmacksknospen oben an der Spitze. Seitlich sind die Blätterpapillen, die tiefere Furchen bilden, in denen die Geschmacksknospen sitzen. Weiter hinten an der Zunge befinden sich die breiteren Wallpapillen, die ihre Geschmacksknospen seitlich in den Furchen haben. Jede Geschmacksknospe kann die fünf Geschmacksrichtungen bitter, salzig, süß, sauer und umami erkennen. Umami ist eine würzige Geschmacksrichtung, die man zum Beispiel empfindet, wenn man Fleisch oder Gemüse isst. Die Geschmacksknospen sind zwar überall auf der Zunge verteilt, aber nicht gleichmäßig: Vorne an der Zungenspitze nehmen die Knospen eher Süßes wahr und hinten am Zungengrund sind sie auf Bitteres spezialisiert. Dein Geschmackssinn hat Superheld*innenkräfte, denn er kann dich davor warnen, Giftiges zu essen. Giftige Substanzen können nämlich bitter schmecken und wir nehmen sie als unangenehm wahr.

Rosenkohl ist bestimmt überhaupt nicht gesund, so bitter wie der schmeckt!

Hihi! Manchmal täuscht sich wohl auch unser Geschmackssinn!

einige Stunden nein

Blitzeweiße Beißerchen

Wenn du etwas essen möchtest, dann helfen dir dabei deine Zähne. Mit ihnen können wir abbeißen und unsere Nahrung zerkauen, bis wir sie bequem herunterschlucken können. Unsere Zähne sind superstark und können eine Menge aushalten. Aber sie müssen auch gut gepflegt werden! Dieses Experiment zeigt dir, warum es wichtig ist, die Zähne mit Zahnpasta zu putzen.

Du brauchst:

- ein braunes Ei
- Zahnpasta
- Schutzhandschuhe
- Schutzbrille
- ein Glas
- Essig

So geht's:

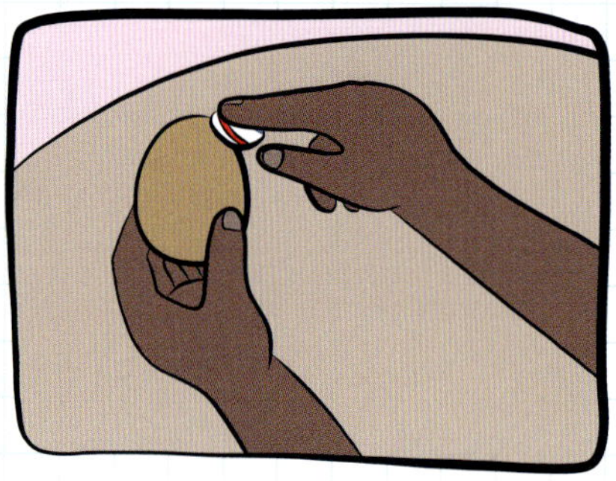

1. Trage auf dein Ei an einer Stelle einen Streifen Zahnpasta auf.

2. Setze dir deine Schutzbrille auf und ziehe dir Schutzhandschuhe an. Lege das Ei in das Glas. Fülle das Glas dann mit Essig auf, bis das Ei ganz bedeckt ist.

3. Warte einige Stunden ab. Zieh die Schutzbrille und die Schutzhandschuhe an und nimm das Ei dann heraus. Wasche es unter fließendem Wasser ab. Was kannst du erkennen?

Warum sieht die Eierschale an der Stelle, an der die Zahnpasta war, anders aus?

Die Eierschale besteht aus Kalk. Die Säure im Essig löst einen Mineralstoff namens Calcium aus der Eierschale, dadurch wird die Schale rauer. Bei braunen Eiern löst sich mit den Mineralstoffen auch der Farbstoff aus der Eierschale und sie wird heller. Trägst du Zahnpasta auf die Schale auf, wirkt diese wie eine Schutzschicht: Der Essig kann die Schale zwar immer noch angreifen, aber nicht mehr so stark.

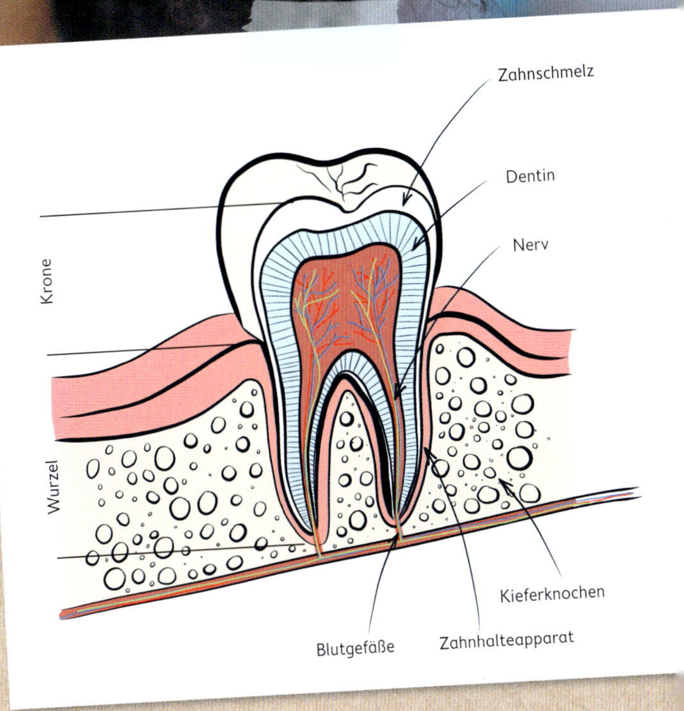

Wofür brauchen wir eigentlich den Zahnschmelz?

Zahnschmelz ist die härteste Struktur in deinem Körper. Kein Knochen ist widerstandsfähiger als der Zahnschmelz. Er schützt das darunterliegende Zahnbein (Dentin) nicht nur vor Säureangriffen, sondern auch vor der Abnutzung durch Kaubewegungen. Wie die Eierschale werden auch deine Zähne durch Säure porös. Durch das Zähneputzen mit Zahnpasta wird die Säure in deinem Mund neutralisiert und der Zahnbelag, in dem Bakterien stecken, wird entfernt. Die Mineralstoffe in der Zahnpasta sorgen dafür, dass dein Zahnschmelz gesund bleibt und das Zahnbein schützen kann. Das Zahnbein ist nämlich viel weniger stabil, es besteht aus vielen feinen Kanälchen, die zum Zahnnerv führen. Diese Kanälchen sind mit Flüssigkeit gefüllt und erkennen Temperaturveränderungen. Diese Informationen werden über den Zahnnerv an das Gehirn weitergegeben.

30 min. ja

Mit Geduld und Spucke

Wenn wir das Essen im Mund zerkauen, dann trägt auch der Speichel dazu bei, dass aus unserer Nahrung ein feuchter Brei wird, der leicht zu schlucken ist. Der Speichel hat einen bestimmten Säuregrad, der durch den pH-Wert angegeben wird. Und dieser Säuregrad verändert sich, wenn man etwas isst. Das kannst du bei diesem Experiment beobachten.

Du brauchst:

- 1 Kopf Rotkohl
- Messer und Brettchen
- 2 Töpfe (einen davon mit Wasser)
- Sieb
- 3 Gläser
- Backpulver
- 1-3 supersaure Bonbons
- 2 Löffel

So geht's:

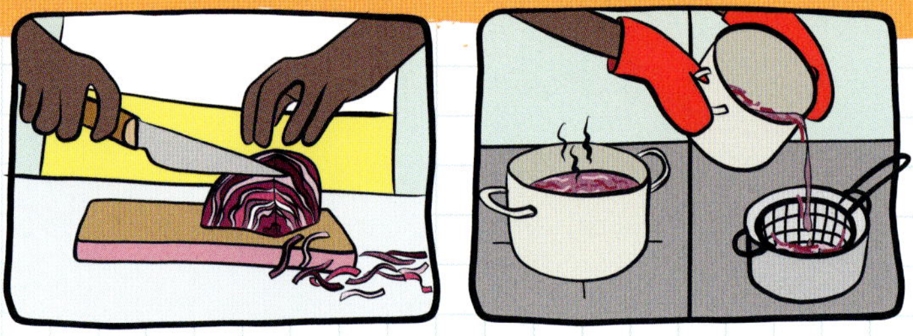

1. Schneide einige der Rotkohlblätter ab. Lass sie von einer erwachsenen Person einige Minuten lang im Wasser kochen, bis das Wasser rötlich aussieht. Gieße den Rotkohl durch ein Sieb ab und fang das Wasser dabei auf.

2. Gib in jedes der drei Gläser ein wenig des Rotkohlwassers. Ein Glas lässt du, wie es ist. Es ist dein Vergleichsglas. In das zweite Glas rührst du ein paar Löffel Backpulver. Kaue die sauren Bonbons ein wenig durch und spucke sie dann in das dritte Glas.

3. Rühre den Inhalt des zweiten und dritten Glases mit unterschiedlichen Löffeln gut um und warte ein paar Minuten. Siehst du, wie die Farbe des Wassers sich verändert?

Tipp: Siehst du nichts? Dann kannst du mit den Löffeln ein paar Tropfen von jeder Flüssigkeit auf ein Stück Papier geben. Jetzt erkennst du den Farbunterschied besser!

Warum verändert sich die Farbe des Rotkohlwassers?

Der Farbstoff im Rotkohl hat den komplizierten Namen Anthocyan und ist sehr gesund. Er kommt in den meisten roten Früchten und Gemüsen vor, wie Tomaten, Himbeeren und Kirschen. Gleichzeitig ist er ein Indikator, das heißt, er zeigt an, ob etwas sehr sauer, neutral oder basisch ist. Basisch ist das Gegenteil von sauer. Ein Rotkohl, der auf sehr saurem Boden wächst, ist rot. Wächst er auf neutralem Boden, ist er blau und wird dann Blaukraut genannt. Dies machen wir uns hier zunutze. Führen wir etwas sehr Saures zu dem Rotkohlwasser, wird es rot. Fügen wir etwas Basisches hinzu, wird es blauer bis zu grün.

In der Chemie wird der Säuregrad durch den pH-Wert ausgedrückt. Wenn eine Flüssigkeit sehr sauer ist, hat sie einen niedrigen pH-Wert, ist sie basisch, einen hohen.

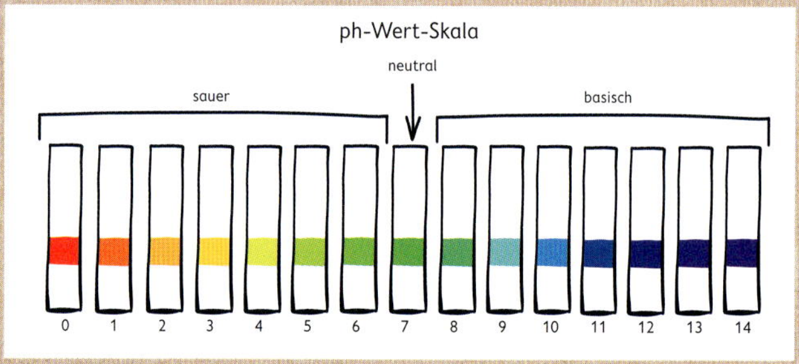

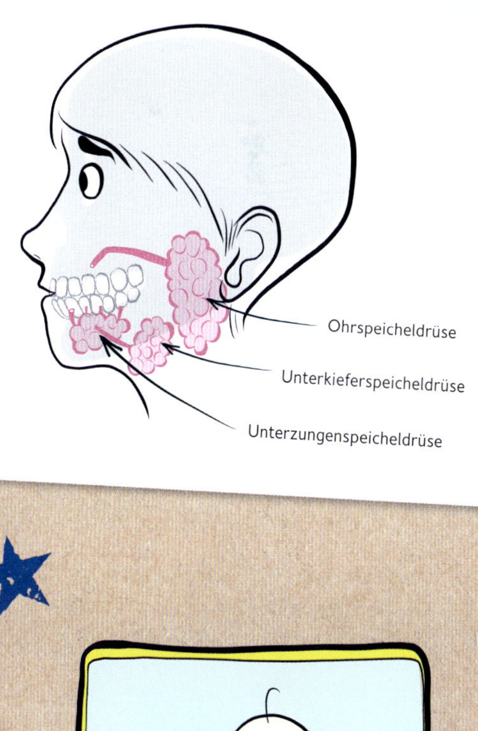

Wofür brauchen wir eigentlich den Speichel?

Speichel wird in den Speicheldrüsen gebildet und er hat eine wichtige Schutzfunktion: Er ist mit Mineralstoffen angereichert und kann den Zahnschmelz reparieren (remineralisieren), wenn er angegriffen wurde. Der pH-Wert des Speichels variiert von Mensch zu Mensch etwas. Wenn wir etwas essen, dann verändert er sich, so wie sich der pH-Wert in deinem Experiment verändert hat, als du Backpulver und ein saures Bonbon hinzugegeben hast. Je niedriger der pH-Wert, je saurer also der Speichel, desto mehr neigt man zu Karies. Karies ist eine Zahnerkrankung, die die Zähne beschädigt. Zähneputzen ist so wichtig, weil der Zahnbelag, in dem sich die Kariesbakterien festsetzen können, weggeputzt werden muss. Benutzt du dabei mineralstoffhaltige Zahnpasta (zum Beispiel mit Fluorid), unterstützt du die Remineralisierung des Zahnschmelzes und sorgst für einen pH-Wert in deinem Mund, bei dem sich die Bakterien schlechter vermehren können.

5 min. nein

Stärker als ein Wolf!

Du brauchst:

- einen Stuhl mit 4 Beinen
- ein langes, stabiles Brett
- einen Stift

Wenn du ein Stück von einer Karotte abbeißt, dann brauchst du dazu ganz schön Kraft. Du musst richtig fest zubeißen. Dein Kiefer ist echt sehr stark. Mit diesem Experiment kannst du spüren, wie dein Kiefer arbeitet.

So geht's:

1. Leg das Brettchen auf einer Seite unter ein Stuhlbein. Leg auf der anderen Seite ziemlich weit am Ende den Stift unter das Brettchen und versuch mal, den Stuhl anzuheben, indem du auf der anderen Seite auf das Brettchen drückst.

2. Jetzt legst du den Stift etwa in die Mitte des Brettchens und drückst noch einmal. Und? Schaffst du es so, den Stuhl anzuheben? Ist es jetzt leichter oder schwerer?

3. Und nun legst du den Stift ziemlich weit zum Stuhl hin. Wie schwer oder leicht ist es jetzt, den Stuhl anzuheben?

Warum ist es leichter, den Stuhl anzuheben, wenn der Stift nah am Stuhl liegt?

Das Brettchen aus unserem Beispiel funktioniert wie eine Wippe mit zwei unterschiedlich langen Armen. Durch das Verschieben des Stiftes veränderst du die Länge der beiden Arme. Setzen sich zwei gleich schwere Personen (wir nennen sie mal Krafti und Lasti) an je ein Ende einer Wippe mit gleich langen Armen, senkt sich keine der beiden Seiten ab. Rutscht Lasti näher an das Mittelteil der Wippe (den Drehpunkt, das ist in unserem Beispiel der Stift) heran, senkt sich die Seite von Krafti nach unten. Je näher Lasti nun an den Drehpunkt rutscht, desto weniger Kraft braucht Krafti, um Lasti nach oben zu drücken. Dieses Phänomen ist schon seit der Antike bekannt und heißt Hebelwirkung. Das Brettchen ist ein Hebel, mit dem du den Stuhl anheben kannst. Je näher der Stift am Stuhl liegt, desto leichter wird es für dich, den Stuhl durch Druck auf das Brett anzuheben.

Versuch doch auch mal, eine erwachsene Person mit einer Wippe nach oben zu heben, wenn sie ganz nah am mittig gelegenen Drehpunkt der Wippe sitzt.

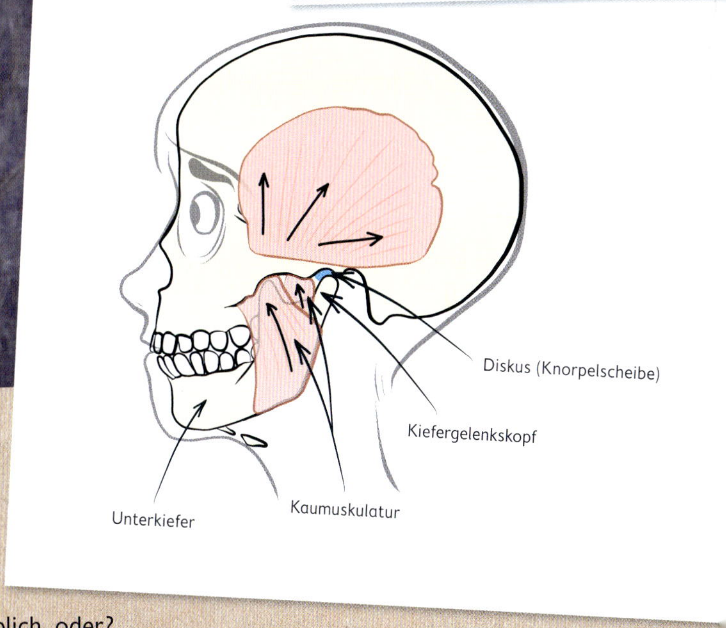

Was ist das Besondere an unserem Kiefer?

Überleg mal, was du mit deinem Kiefer alles kauen kannst. Unglaublich, oder? Dass dein Kiefer so stark ist, liegt am Zusammenspiel von Kiefergelenk, Kieferknochen und geschickt angebrachter Kaumuskulatur. Dein Kiefer funktioniert nämlich ähnlich wie ein Hebel, so wie der aus dem Experiment. Der Drehpunkt liegt hier im Kiefergelenk. Beim Kiefer ist es allerdings in Wirklichkeit ein bisschen komplizierter als bei deinem Experiment: Ein wichtiger Grund dafür, dass du so kräftig zubeißen kannst, ist die Länge des Hebels. Je länger der Hebel – das konntest du ja bei deinem Experiment selbst erfahren – desto weniger Kraft wird benötigt. Der Hebel ist beim Kiefer recht lang und wirkt ziemlich stark. Auch die Form des Unterkiefers mit seinem Gelenk ist verantwortlich dafür, dass der Hebel hier so gut funktioniert und so stark ist. Es gibt sogar Berechnungen, die besagen, dass der menschliche Kiefer stärker ist als der des Wolfes. Das an einem lebenden Wolf auszuprobieren, haben sich aber noch keine Wissenschaftler*innen getraut.

☆ 10 min. ja

Klapper, klapper!

Du brauchst:

- 2 große, schwere Bücher, am besten mit hartem Einband
- einige Blätter Papier
- einige Teelöffel, eine kleine PET-Flasche mit Wasser, ein Päckchen Mehl
- Klebeband
- einen Stoffbeutel

Du kannst rennen, toben, springen und auch mal hinfallen. In den allermeisten Fällen bleiben deine Knochen dabei heil. Gewichtheber*innen können sogar große Lasten tragen, ohne dass ihren Knochen dabei etwas passiert. Unsere Knochen müssen also ganz schön viel aushalten können. Mit diesem Experiment kannst du erfahren, wie sie das schaffen.

So geht's:

1. Lege die Bücher in etwa 10 cm Abstand zueinander so an eine Tischkante, dass sie ein Stück überstehen. Lege fünf Blatt Papier darüber und staple nach und nach Teelöffel zwischen den Büchern auf dem Papier. Kann das Papier die Löffel halten?

2. Rolle fünf Blatt Papier nun längs zu einer Röhre ein, so dass der Durchmesser etwa einem 2-Euro-Stück entspricht, und fixiere sie mit einem oder zwei Streifen Klebeband. Hänge den Stoffbeutel an die Röhre und lege die Röhre mit dem Beutel dann wieder über die Bücher. Nun legst du auch hier nach und nach Teelöffel in die Tüte. Hält das Papier mehr Löffel als bei Schritt 1? Nimm die Löffel wieder aus der Tüte. Lege nun die Wasserflasche in die Tasche. Und – was passiert? Und wie sieht es mit der Mehlpackung aus? Wie viel kannst du in die Tüte legen, bis die Rolle knickt?

3. Nun rollst du vier weitere Blätter Papier ganz eng zu vier kleinen Röhrchen zusammen und fixierst sie mit je einigen Streifen Klebeband. Rolle ein fünftes Blatt eng um die kleinen Röllchen, so dass die gesamte Rolle ungefähr dieselbe Größe hat wie die Rolle bei Schritt 2, und fixiere das Blatt mit einigen Streifen Klebeband. Häng die Tüte an die Röhre, lege die Röhre über die Bücher und lege erst die Löffel hinein, nimm sie wieder heraus, lege dann die kleine PET-Wasserflasche und danach die Mehlpackung in die Tüte. Und wenn deine Röhre noch immer hält, dann versuch doch mal, alle drei Gegenstände in die Tüte zu legen. Jetzt musst du die Bücher dabei sicher von einer zweiten Person festhalten lassen. Hält deine Rolle nun mehr als in Schritt 2? Erstaunlich, wie stabil deine Röhre jetzt ist, oder?

Stelle diese Aufgabe mal Freund*innen oder Familienmitgliedern. Wie schafft man es, dass fünf Blätter Papier ein Kilo Mehl halten? Sie werden von deinem Trick verblüfft sein!

Warum hält das Papier mehr Gewicht aus, wenn man es mit kleinen Röhrchen befüllt?

Wenn du das Papier zu einer Rolle formst, ist es schon mal stabiler, als wenn du es einfach so über die Bücher legst. Noch stabiler wird es, wenn du die Rolle mit kleineren Röllchen füllst. Dann kann es damit schon ziemlich viel Gewicht tragen. Diese Bauweise nennt man Leichtbauweise, denn du brauchst relativ wenig Material und deine Röhre ist immer noch ziemlich leicht dafür, dass sie so viel Gewicht aushält. Ähnlich wie die Röhre in deinem Versuch sind auch Knochen aufgebaut. Man nennt sie Röhrenknochen. Wären unsere Knochen nicht hohl, hätten sie viel mehr Gewicht. Das wäre nicht so gut, denn dann könnten wir uns viel schlechter bewegen. Bei einem hohlen Knochen ist im Inneren zudem Platz für das Knochenmark, das durch den Knochen auch noch gut geschützt ist. Das Knochenmark brauchen wir zum Beispiel, um Blut zu bilden.

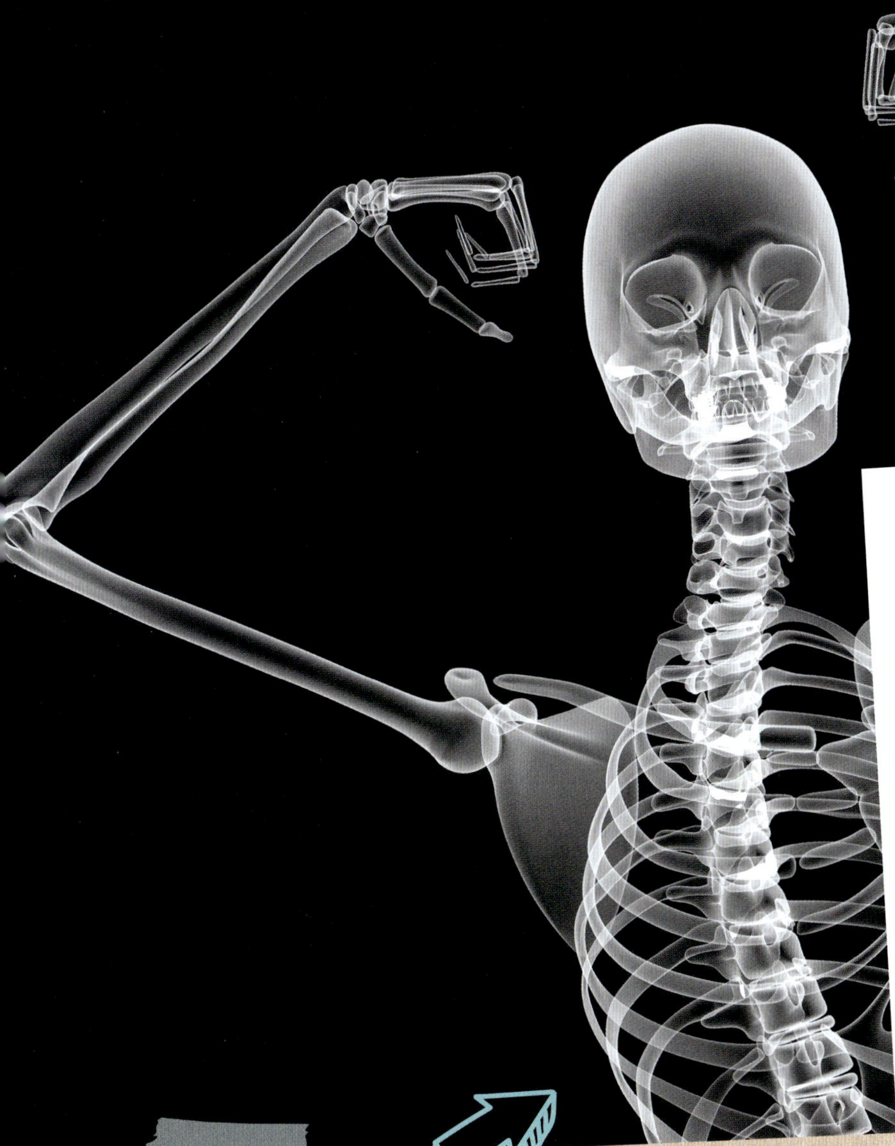

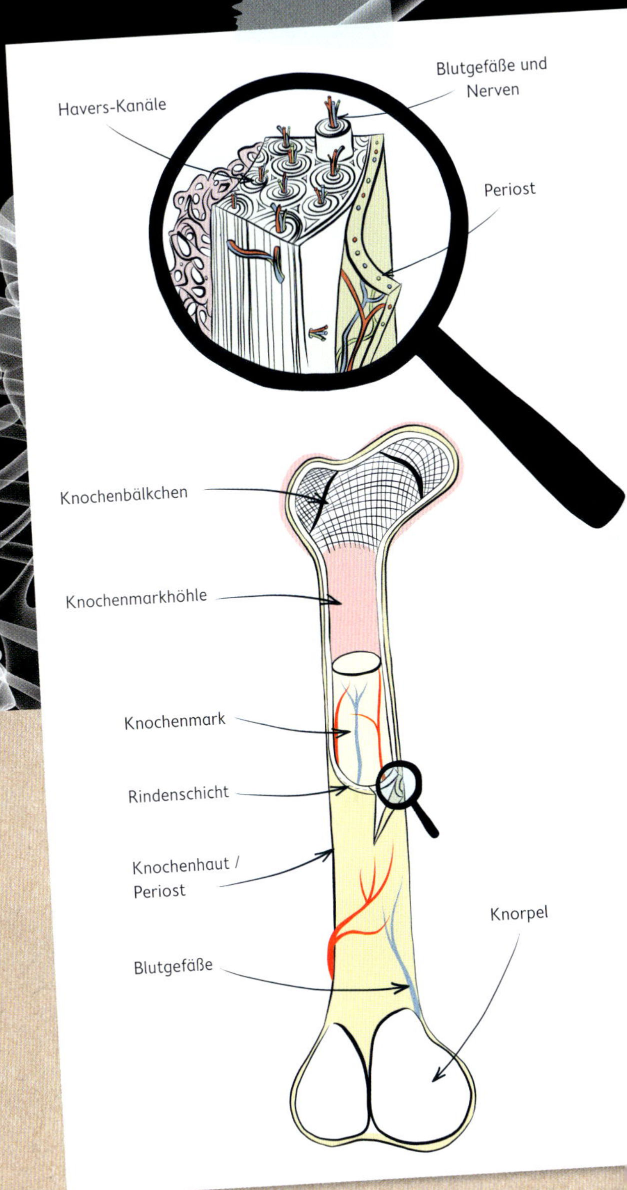

Wie schaffen es unsere Knochen, so viel Gewicht zu tragen?

In deinem Körper befinden sich ungefähr 210 Knochen. Umgeben werden die Knochen von einer Knochenhaut, die wir Periost nennen. Unter der Knochenhaut liegt die harte äußere Rindenschicht, die in einer Art Röhrenstruktur aufgebaut ist. Diese Röhrchen bestehen aus mehreren Schichten mit Knochenzellen, die auch Knochenlamellen genannt werden. Die Knochenlamellen sind für die Versorgung des Knochens mit Blut und Nährstoffen wichtig. Man vermutet, dass die Röhrenstrukturen im Knochen wie bei unserem Experiment für die Stabilität des Knochens wichtig sind. Aber so ganz sicher sind sich die Forscher*innen da noch nicht.

Unter der harten Rindenschicht liegt eine Schicht aus Knochenbälkchen, die wie ein Gerüst aufgebaut ist. Diese Knochenbälkchen sind in jedem Knochen ein bisschen anders ausgerichtet – je nachdem, welche Belastungen der Knochen jeweils aushalten muss. Sie dienen dazu, dieser Belastung möglichst optimal entgegenzuwirken. Im Inneren des Knochens gibt es ebenfalls eine Knochenhaut. Sie hilft dem Knochen beim Wiederaufbau nach einem Bruch.

Übrigens hat sich Gustave Eiffel beim Bau des Eiffelturms von der Leichtbauweise bei Knochen inspirieren lassen.

20 min. ja

Ganz schön beweglich!

Mach mal einen Hampelmann! Dass du dich so bewegen kannst, das hast du deinen Gelenken zu verdanken. Hier kannst du eines dieser Gelenke, das Kugelgelenk, einmal nachbasteln.

Du brauchst:

- Einen kleinen Plastikball (ca. 8 cm Durchmesser)
- Cutter
- Gartenhandschuhe
- 2 Holzspieße
- einen Tischtennisball
- spitze Schere
- Tape

So geht's:

1. Lass eine erwachsene Person den größeren Ball etwas oberhalb der Mitte rundherum mit dem Cutter aufschneiden. Am besten zieht sie dafür zur Sicherheit Handschuhe an. Lass außerdem in die größere Seite unten einen Kreis schneiden, der ein wenig kleiner ist als dein Tischtennisball.

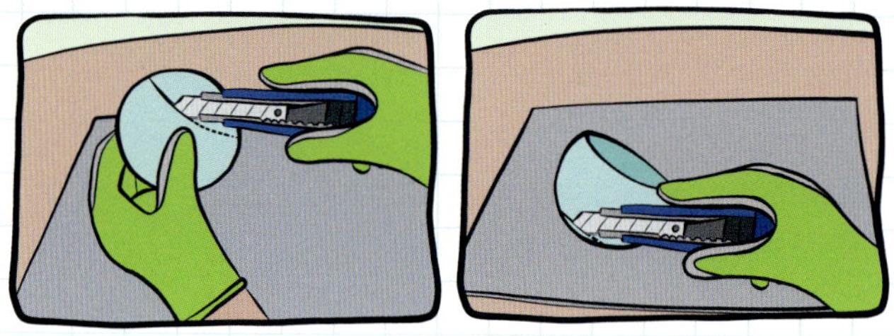

2. Stecke einen Holzspieß in den Tischtennisball. Eventuell muss das Loch vorher von einer erwachsenen Person mit der Spitze der Schere etwas vorgebohrt werden. Aber achte darauf, dass es nicht zu groß wird, denn der Spieß muss fest sitzen. Dann legst du den Tischtennisball so in den großen Ball, dass der Spieß aus dem kleinen Loch herausschaut.

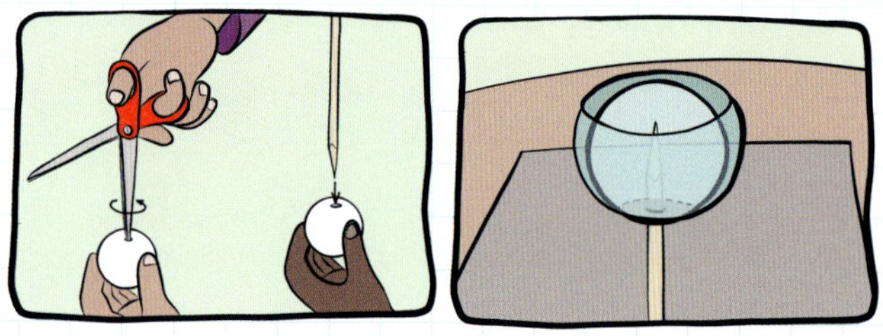

3. Stecke den zweiten Spieß in den Deckel des großen Balls und klebe die beiden Ballhälften wieder mit Tape zusammen.

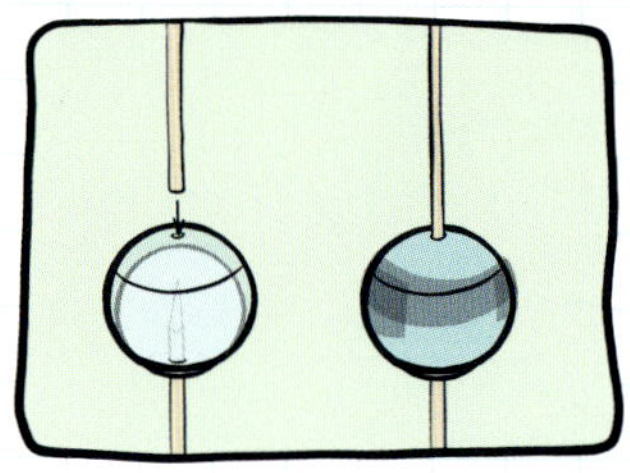

4. Jetzt kannst du dein Kugelgelenk an dem einen Spieß halten und den kleinen Tischtennisball am anderen Spieß bewegen.

Was ist ein Kugelgelenk?

Ein Kugelgelenk besteht aus einer muldenförmigen Gelenkpfanne und einem, wie der Name schon sagt, kugelförmigen Gelenkkopf. Das Kugelgelenk ist eines der beweglichsten Gelenke im Körper. Die Schulter ist auch ein Kugelgelenk. Deinen Arm kannst du vor und zurück, auf und ab und drehend bewegen. Genau wie bei deinem Modell. Probier es mal aus! Bei diesen drei Bewegungen bewegt sich der Kugelkopf des Gelenkes zwar, bleibt aber immer in der Mulde der Gelenkpfanne liegen.

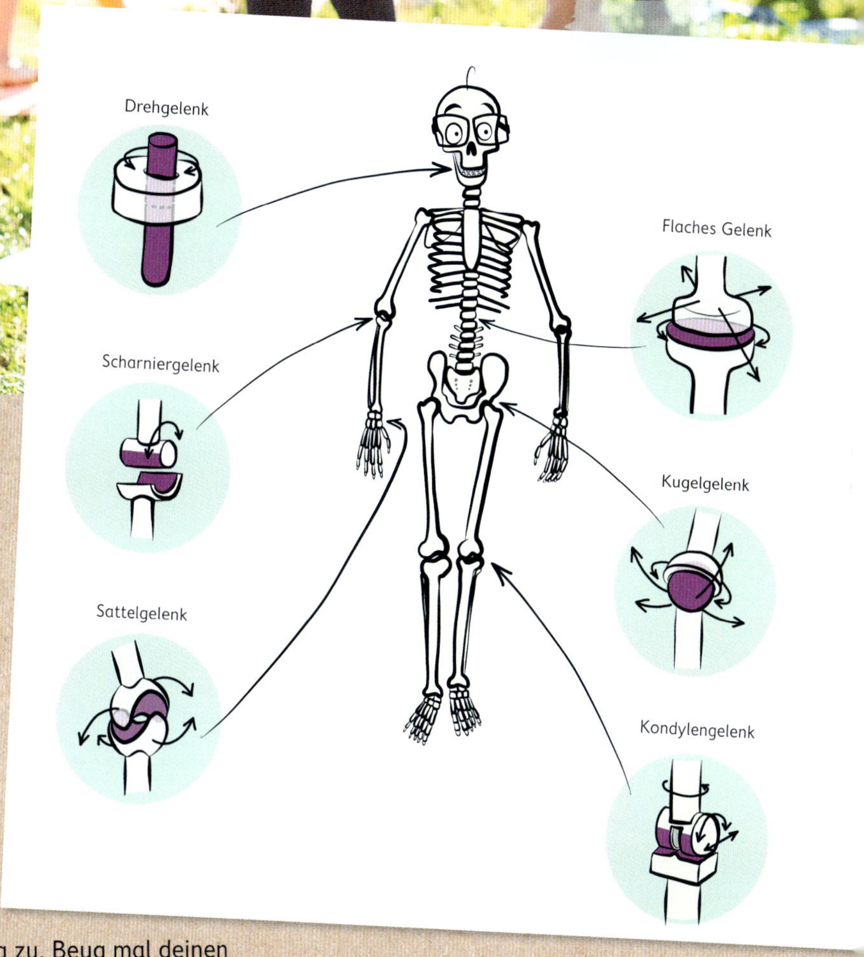

Wofür brauchen wir Gelenke?

Gelenke sind Verbindungen zwischen zwei oder mehreren Knochen in unserem Körper. Ohne sie wäre dein Arm vollkommen steif und du könntest nicht Rad fahren oder laufen. Wir haben unterschiedliche Arten von Gelenken, die verschiedene Bewegungsrichtungen zulassen. Hier sind ein paar Beispiele:

- Das **Drehgelenk** lässt eine Bewegungsrichtung zu. Du hast zum Beispiel eines am Unterarm. Dreh mal deine Handfläche von oben nach unten.
- Das **Scharniergelenk** lässt eine Bewegungsrichtung zu. Beug mal deinen Zeigefinger, als würdest du jemanden zu dir holen wollen.
- Das **Kondylengelenk** ist ein Dreh-Scharnier-Gelenk. Dein Kniegelenk ist zum Beispiel eines. Du kannst dein Bein im Sitzen beugen und strecken und wenn es gebeugt ist, ein bisschen drehen.
- Das **Sattelgelenk** lässt zwei Bewegungsrichtungen zu. Wackle mal mit dem Daumen von links nach rechts und von vorne nach hinten!
- Das **flache Gelenk** lässt Bewegungen in einer Ebene zu. Ebene Gelenke befinden sich in deiner Wirbelsäule. Die kannst du dir vorstellen wie einen Teller, der auf einem Tisch steht und auf den du die Hand legst. Den kannst du vor- oder zurückschieben, nach rechts oder links bewegen oder auch drehen.
- Das **Kugelgelenk** lässt drei Bewegungsrichtungen zu. Beweg deinen Arm nach vorne und hinten, seitlich auf und ab und drehe ihn. Diese Bewegungen kannst du auch gleichzeitig ausführen. Nimm den Arm mal hoch und drehe ihn dabei!

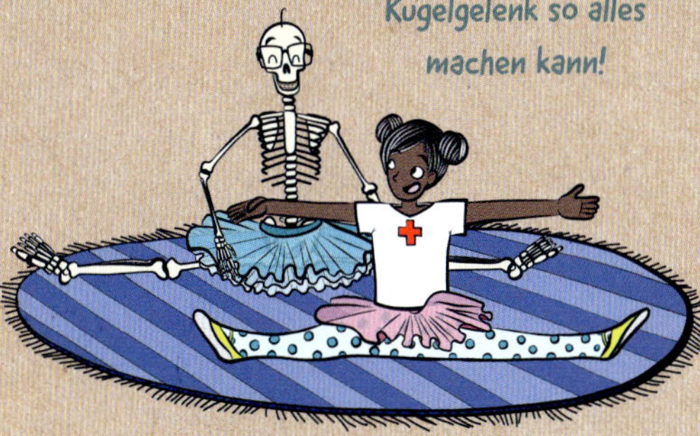

30 min. nein

Alles über Muckis

Liegestütze, Klimmzug oder den Sprint zum Bus – das können wir schaffen, weil wir Muskeln haben. Die meisten Bewegungen, die wir machen, klappen nur mithilfe von Muskeln. Mit diesem Experiment kannst du sehen, wie die Muskeln an deiner Hand funktionieren.

Du brauchst:

- ein Stück Pappe
- Stift
- Schere
- Papiertrinkhalme
- Bastelkleber
- Wachsband oder eine feste Schnur
- Klebeband

So geht's:

1. Lege deine Hand auf die Pappe, zeichne den Umriss nach und schneide sie aus.

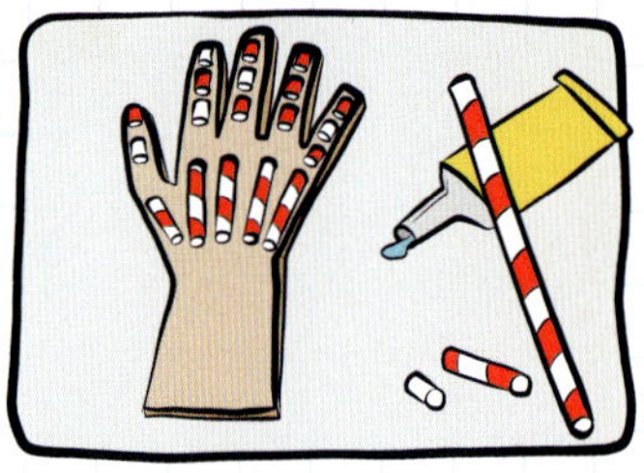

2. Schneide die Trinkhalme in kleine Stücke. Auf jeden Finger müssen drei kleine Stücke passen, auf den Daumen nur zwei. Außerdem brauchst du fünf längere Stücke, die von den Fingern ausgehend auf der Handfläche platziert werden. Lege die Stücke auf deine ausgeschnittene Hand und klebe sie dann mit Bastelkleber fest.

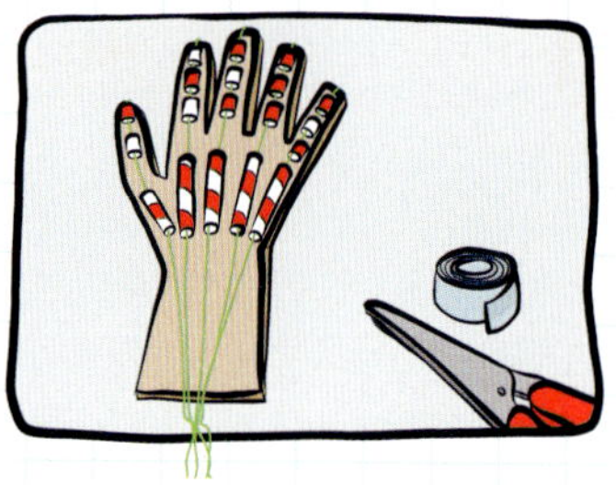

3. Jetzt fädelst du das Band nacheinander durch alle Finger. Fixiere es dazu mit Klebeband oben an jeder Fingerspitze, ziehe es durch alle Trinkhalmstücke des Fingers bis zur Handfläche und lass unten noch ein Stück überstehen. Schneide das Band ab und wiederhole den Vorgang für jeden Finger.

4. Knicke die einzelnen Fingerabschnitte leicht vor, damit sie sich besser biegen. Ziehe nun vorsichtig an den einzelnen Schnüren und beobachte, wie sich die Finger krümmen.

Was kannst du an deiner Muskelhand sehen?

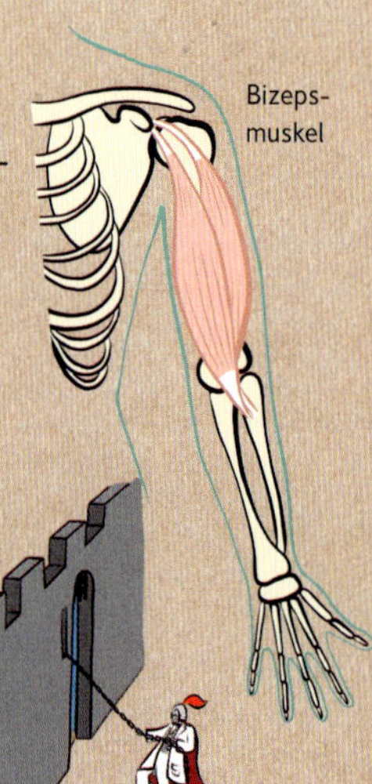

Dieses Experiment zeigt dir, wie das Zusammenspiel zwischen Muskeln, Sehnen und Knochen funktioniert. Die Trinkhalme an unserer Muskelhand sind vergleichbar mit den Knochen, die Fäden sind die Sehnen und du bist der Muskel, der an den Sehnen zieht. Normalerweise verlaufen die Sehnen natürlich nicht durch unsere Knochen – da haben wir etwas geschummelt, um unsere „Sehnen" zu stabilisieren. Gelenke funktionieren nur, wenn die Muskeln die Knochen, aus denen das Gelenk besteht, bewegen. Das kannst du zum Beispiel so beobachten: Lass mal eine erwachsene Person den Ellenbogenbeuger des ausgestreckten Arms, den sogenannten Bizeps, anspannen.

Der Ellenbogenbeuger ist an den Knochen des Schulterdachs und am Oberarmknochen befestigt und die sehnige Verlängerung des Ellenbogenbeugers am Unterarm. Der Arm knickt automatisch im Ellenbogen ein und die Hand nähert sich der Schulter. Vergleichbar ist das mit einer Zugbrücke, die von einem Seil, das an der Burgmauer befestigt ist, nach oben gezogen wird. Die Sehnen in unserem Körper sind wie das Seil der Zugbrücke.

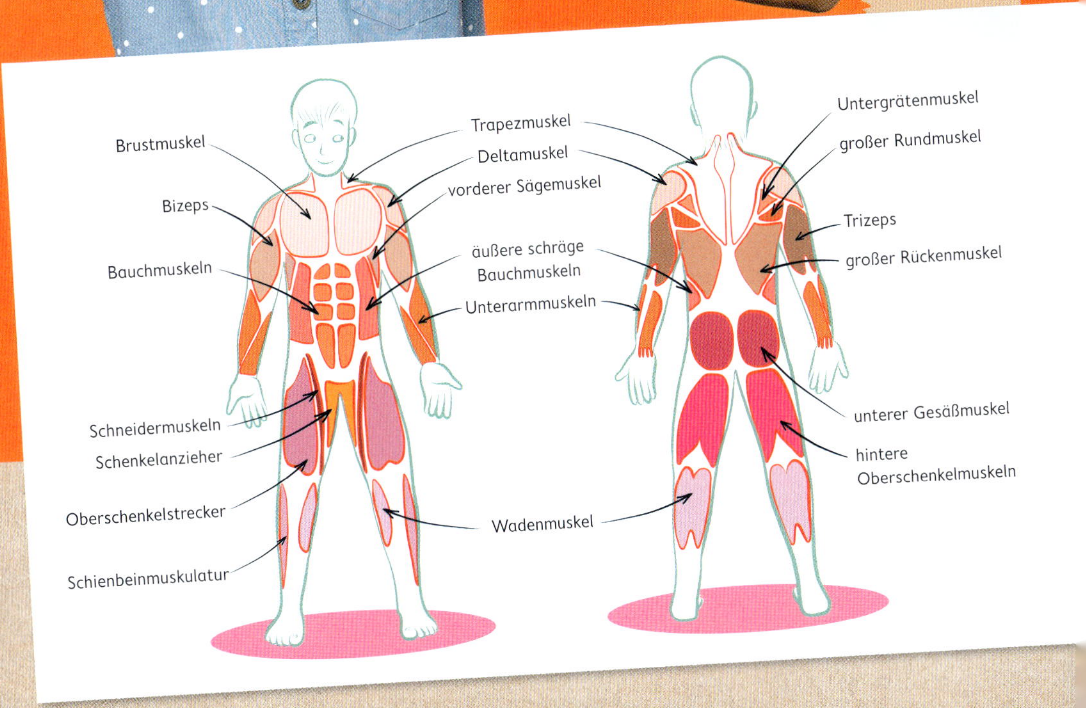

Wie funktionieren Muskeln und wofür brauchen wir sie?

Muskeln brauchen wir im Körper für viele unterschiedliche Dinge. Im Wesentlichen funktionieren alle Muskeln gleich: Die einzelnen Fasern der Muskeln ziehen sich auf Kommando zusammen und der Muskel wird kürzer. Entspannt sich der Muskel, werden die Fasern wieder länger. Diese Funktion ermöglicht, dass du mit dem Roller zur Schule fahren, mit den Augen in eine bestimmte Richtung schauen, deine Nahrung verdauen kannst und dass dein Herz schlägt. Ist dir kalt, kannst du zum Beispiel auch mit deinen Muskeln zittern, um die Temperatur im Körper zu erhöhen. Bestimmt hast du selbst schon festgestellt, dass du auf deine Verdauung oder deinen Herzschlag nicht direkt Einfluss nehmen kannst. Manche Muskeln werden von deinem Körper gesteuert, ohne dass du etwas davon merkst. Andere Muskeln, wie zum Beispiel die Arm- und Beinmuskeln oder die Augenmuskeln lassen sich sehr leicht aktiv von dir steuern. Das liegt daran, dass für die Steuerung unterschiedliche Nervenfasern zuständig sind. Die einen arbeiten im Hintergrund, die anderen kannst du benutzen, wie du magst.

20 Minuten nein

Haut hautnah

Wenn man Sport macht, dann kommt man ins Schwitzen. Und wenn es draußen heiß ist, ebenfalls. Dabei bilden sich kleine Schweißtröpfchen auf unserer Haut. Das kann manchmal nervig sein, ist aber ein supertoller Trick deines Körpers. Dieses Experiment bringt dich garantiert ins Schwitzen!

Du brauchst:

- ein leeres, sauberes Marmeladenglas
- Frischhaltefolie
- ein Haushaltsgummi
- einen sonnigen Tag

So geht's:

1. Schraube den Deckel des Marmeladenglases ab, decke die Öffnung mit Frischhaltefolie ab und fixiere sie mit einem Haushaltsgummi.

2. Mache einen kleinen Schlitz in die Folie und drücke deinen Zeigefinger durch diesen Schlitz, sodass der Finger im Glas steckt und an der Öffnung rundum mit Folie abgedichtet ist.

3. Jetzt stellst du dich an ein Fenster, in das die Sonne scheint, und wartest einige Minuten. Beobachte dabei immer mal wieder, ob du eine Veränderung in deinem Glas bemerkst. Nach einer Weile wirst du sehen, wie sich kleine Tröpfchen an der Wand des Marmeladenglases bilden.

Warum entstehen Wassertröpfchen im Marmeladenglas?

Im Glas wird es warm, wenn du es in die Sonne hältst, und deine Haut fängt an zu schwitzen, um die Oberfläche abzukühlen. Die Flüssigkeit auf deiner Haut verdunstet, das heißt, sie wird gasförmig. An der Folie und an den Wänden des Marmeladenglases verflüssigt sie sich wieder und wird dann als kleine Tröpfchen sichtbar. Wenn du deinen Finger wieder aus dem Glas ziehst, dann wirst du bemerken, dass er sich ganz feucht anfühlt.

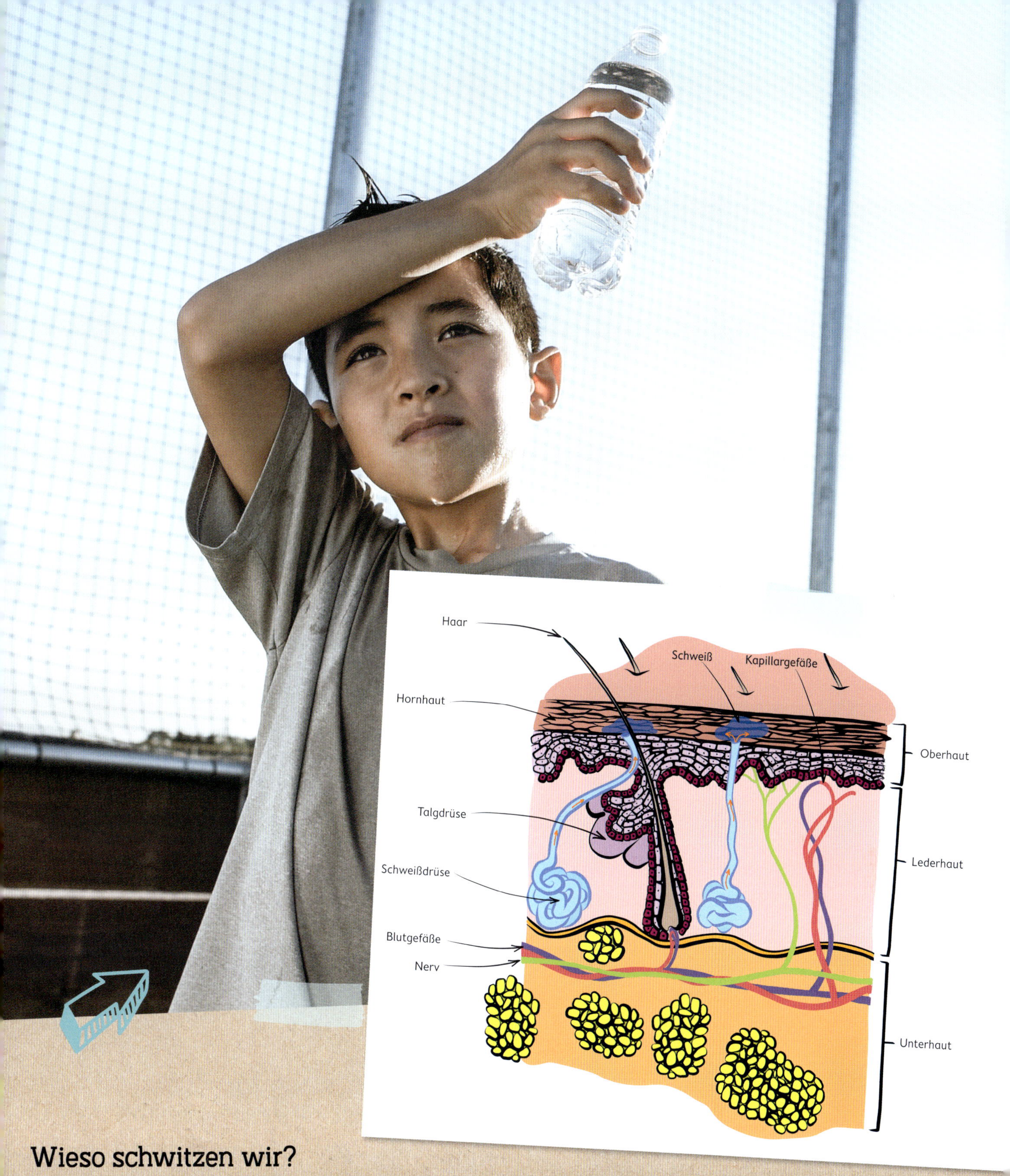

Wieso schwitzen wir?

Wenn dir heiß ist, schwitzt du. Durch das Absondern von Flüssigkeit, die wir Schweiß nennen, versucht die Haut, den Körper abzukühlen. Unsere normale Körpertemperatur schwankt zwischen 36,5 und 37,4 Grad Celsius. Das ist die optimale Temperatur für unseren Körper. Er nutzt sein größtes Organ, die Haut, um immer in diesem Temperaturbereich zu bleiben. Der Schweiß verdunstet auf deiner Haut, entzieht dem Körper dabei Wärme und dein Körper kühlt ab. Das nennt man Verdunstungskälte. Deine Haut ist also ein bisschen so wie eine Klimaanlage für deinen Körper.

5 min. nein

Mit Köpfchen

Du brauchst:

- 2 Stifte
- Papier

Unglaublich, was du alles kannst: Du kannst rechnen, sprechen, dir Dinge ausdenken oder über dieses und jenes nachdenken. Ganz schön schlau! Und das hast du deinem Gehirn zu verdanken. Mit diesem Experiment kannst du dein Gehirn mal auf die Probe stellen und lernen, wie es arbeitet.

So geht's:

1. Pause diese Formen auf dein Papier ab.
2. Nimm in jede Hand einen Stift. Zeichne nun gleichzeitig beide Kreise nach, indem du die Striche verbindest. Funktioniert das?
3. Versuche das Gleiche nun mit den beiden Dreiecken. Zeichne sie gleichzeitig nach. Und? Klappt es?
4. Und jetzt versuch mal, mit der linken Hand einen Kreis und gleichzeitig mit der rechten Hand ein Dreieck zu zeichnen. Und? Was merkst du?

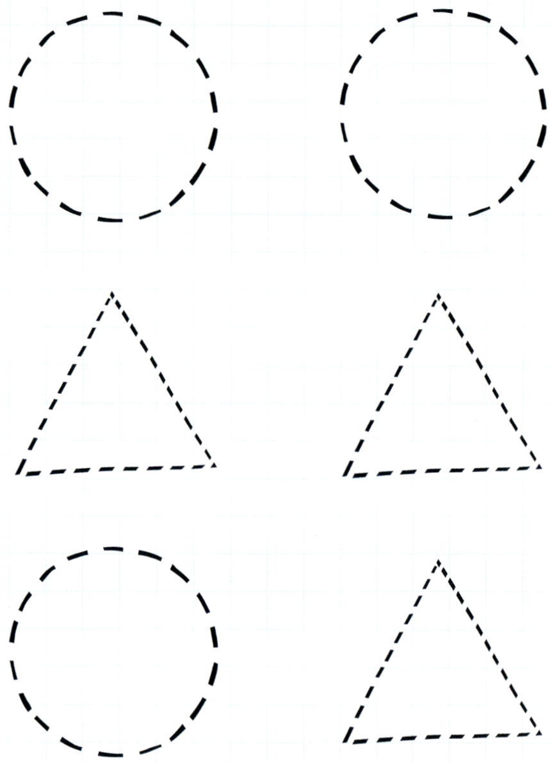

Du kannst auch mal versuchen, mit der rechten Hand ein Wort zu schreiben und mit der linken Hand ein anderes!

Warum kann ich nicht gleichzeitig einen Kreis und ein Dreieck zeichnen?

Unser Körper ist über Kreuz mit unserem Gehirn verbunden. Zum Beispiel wird die rechte Körperhälfte von der linken Gehirnhälfte gesteuert und die linke Körperhälfte sendet ihre Signale an die rechte Gehirnhälfte. Dazwischen verläuft so etwas wie eine mehrspurige Nerven-Autobahn, der sogenannte Balken, über den die Gehirnhälften Informationen austauschen. Die Gehirnhälften arbeiten also zusammen und sind auf gleichförmige Bewegungsmuster trainiert. Sollen beide Hände gleichzeitig etwas Unterschiedliches zeichnen, fällt das jedoch ziemlich schwer.

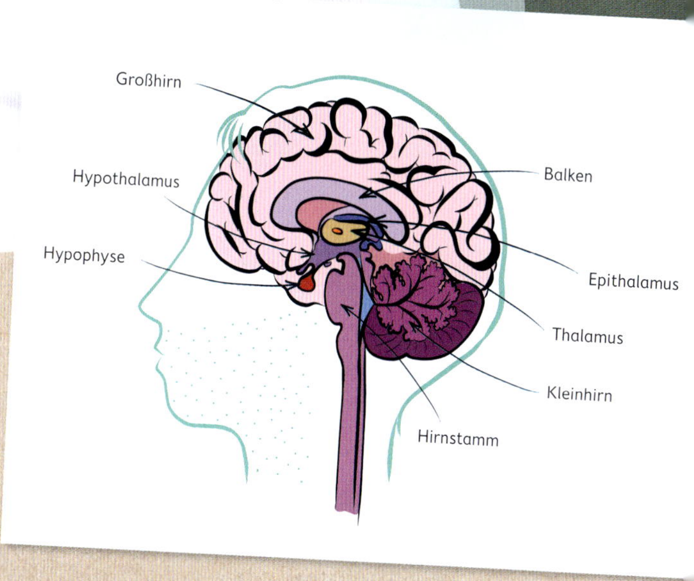

Wozu brauchen wir unser Gehirn?

Egal ob du etwas fühlst, etwas siehst oder dich bewegst: Dein Körper sendet alle Informationen dazu über Nervenbahnen an dein Gehirn oder andersherum dein Gehirn an deinen Körper. Im Gehirn werden die Informationen verarbeitet.

Milliarden von Nervenzellen erkennen Muster, speichern diese ab und senden Signale, um deinen Körper reagieren zu lassen. Dabei funktioniert dein Gehirn wie ein Supercomputer. Es erfüllt viele verschiedene Aufgaben gleichzeitig. Das Gehirn ist in zwei Halbkugeln geteilt, die wir Hemisphären nennen. Oben befindet sich die stark gefaltete Großhirnrinde (Cortex) mit ihren Nervenzellen. Alle Informationen werden in für sie bestimmten Bereichen verarbeitet, so enden die Nervenbahnen des Auges im hinteren Teil des Gehirns, die Nervenfasern des Ohrs in den seitlichen Anteilen. Im vorderen Teil des Gehirns finden komplizierte Denkvorgänge statt. Hier sitzt auch unser Gedächtnis. Dazwischen werden die Nervenbahnen immer wieder neu und anders miteinander verbunden, um die verschiedenen Informationen so gut wie möglich zu verarbeiten.

Das Zwischenhirn hat unterschiedliche Aufgaben: Der obere Teil, der Thalamus, empfängt, vermittelt und sendet alle Bewegungen und Empfindungen an das Großhirn. Der darunterliegende Hypothalamus mit seiner Hirnanhangsdrüse (Hypophyse) und der sogenannte Epithalamus steuern über Stoffe, die wir Hormone nennen, die Dinge, die unterbewusst geschehen: wann wir müde werden, ob wir schwitzen, wie schnell wir wachsen.

Das Kleinhirn ist für das Gleichgewicht und die Koordination unserer Bewegungen verantwortlich. Der Hirnstamm steuert z. B. unsere Reflexe. Sinneswahrnehmungen führen zu einer Bewegungsreaktion. Fliegt etwas in unser Auge, schließt sich das Augenlid und wir weichen zurück. Auch Atmen, Husten und Schlucken können wir, ohne darüber nachdenken zu müssen.

20 min. ja

Du brauchst:

- Ethanol (gibt es in der Apotheke)
- ein paar Erdbeeren
- Brettchen & Messer
- 1 Zipperbeutel
- 1 Messbecher
- Wasser
- Salz
- Spülmittel
- 1 Esslöffel, 2 Teelöffel
- 1 feines Sieb
- 2 Gläser
- Küchenwaage
- Schutzbrille
- Holzspieß

Was macht uns aus?

Obwohl wir alle ungefähr den gleichen Bauplan haben, ist jeder Mensch einzigartig. Das liegt an unserer DNA, also an unserem genetischen Code. Bei jedem neu entstehenden Menschen können die vererbten Gene neu aufgebaut und zusammengesetzt sein. Deswegen ähneln wir unseren Eltern zwar, sind aber nie eine exakte Kopie. Die Gene sind wie eine Bauanleitung für den Körper. Welche Farbe haben die Haare, wie groß wird eine Person und was kann sie besonders gut? Mit diesem Experiment kannst du die DNA von Erdbeeren mit eigenen Augen sehen!

So geht's:

1. Lasse eine erwachsene Person das Ethanol einige Stunden vor dem Experiment in die Tiefkühltruhe legen, so dass es kalt ist. Schneide die Stiele von etwa drei bis vier Erdbeeren ab, gib die Erdbeeren in den Zipperbeutel, verschließe ihn und knete die Erdbeeren, bis sie so richtig schön matschig sind.

2. Fülle 125 ml Wasser, einen Teelöffel Salz und einen Esslöffel Spülmittel in den Messbecher und rühre die Mischung mit einem Löffel gut um.

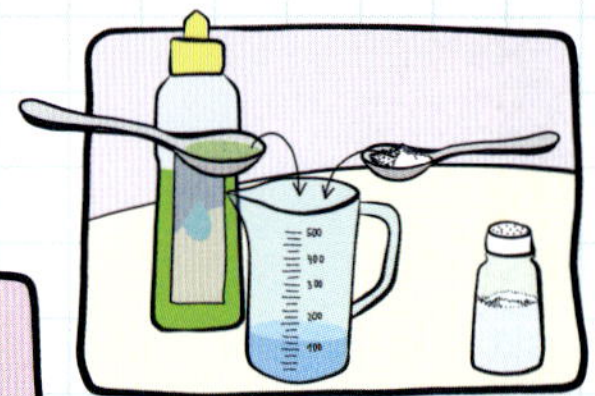

3. Gib die Mischung in den Beutel, verschließe ihn wieder und knete alles nochmal so richtig gut durch.

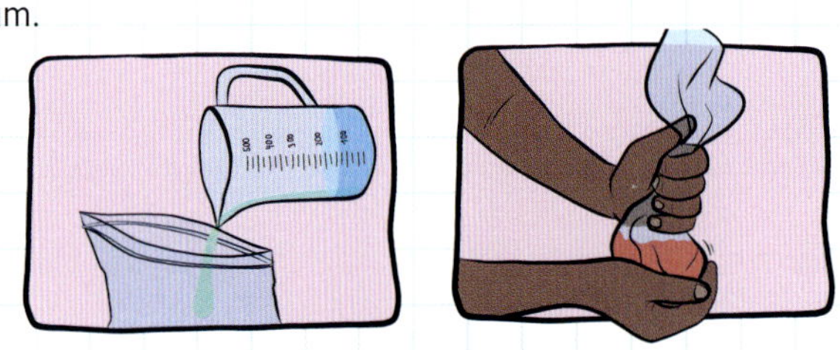

4. Jetzt drückst du den Erdbeermatsch mit einem Löffel durch ein feines Sieb und fängst ihn in einem Glas auf.

5. Stell ein Glas auf die Waage und drücke die TARA-Taste, um sie auf 0 zu stellen. Fülle den gesiebten Erdbeermatsch nun in das Glas auf der Waage und schau, wie viel Gramm die Waage jetzt anzeigt. Bitte eine erwachsene Person, die gleiche Menge Ethanol vorsichtig am Rand des Glases herunter in den Matsch laufen zu lassen. Setze dabei zur Sicherheit eine Schutzbrille auf. Rühre nicht um, sondern beobachte einfach nur, was passiert.

6. Du wirst nun sehen, wie sich in der oberen, durchsichtigen Schicht in deinem Glas kleine weiße Fädchen absetzen. Voilà, Erdbeer-DNA! Du kannst sie sogar vorsichtig mit einem Holzspieß herausfischen und dir aus der Nähe anschauen.

Warum lösen sich die DNA-Stränge und schwimmen oben?

Genau wie wir Menschen besteht die Erdbeere aus Zellen. Jede Zelle hat einen Zellkern, in dem sich die Desoxyribonukleinsäure oder DNS (im Englischen sagt man DNA, weil das englische Wort für Säure Acid ist) befindet. Die Zellen werden durch das Kneten aufgebrochen und durch das zweite Kneten mit der Lösung aus Spülmittel und Salz lösen sich Fette (Lipide) aus der Zellkernhülle (Membran). Durch die Zugabe des Ethanols fallen die DNS-Stränge heraus und verklumpen. Nun können wir die DNS in Form der weißen Fäden sehen und sogar mit dem Holzstäbchen aus dem Glas nehmen. Wir ziehen hier allerdings immer viele Stränge auf einmal heraus. Der einzelne DNS-Strang wäre viel zu klein, um ihn zu sehen.

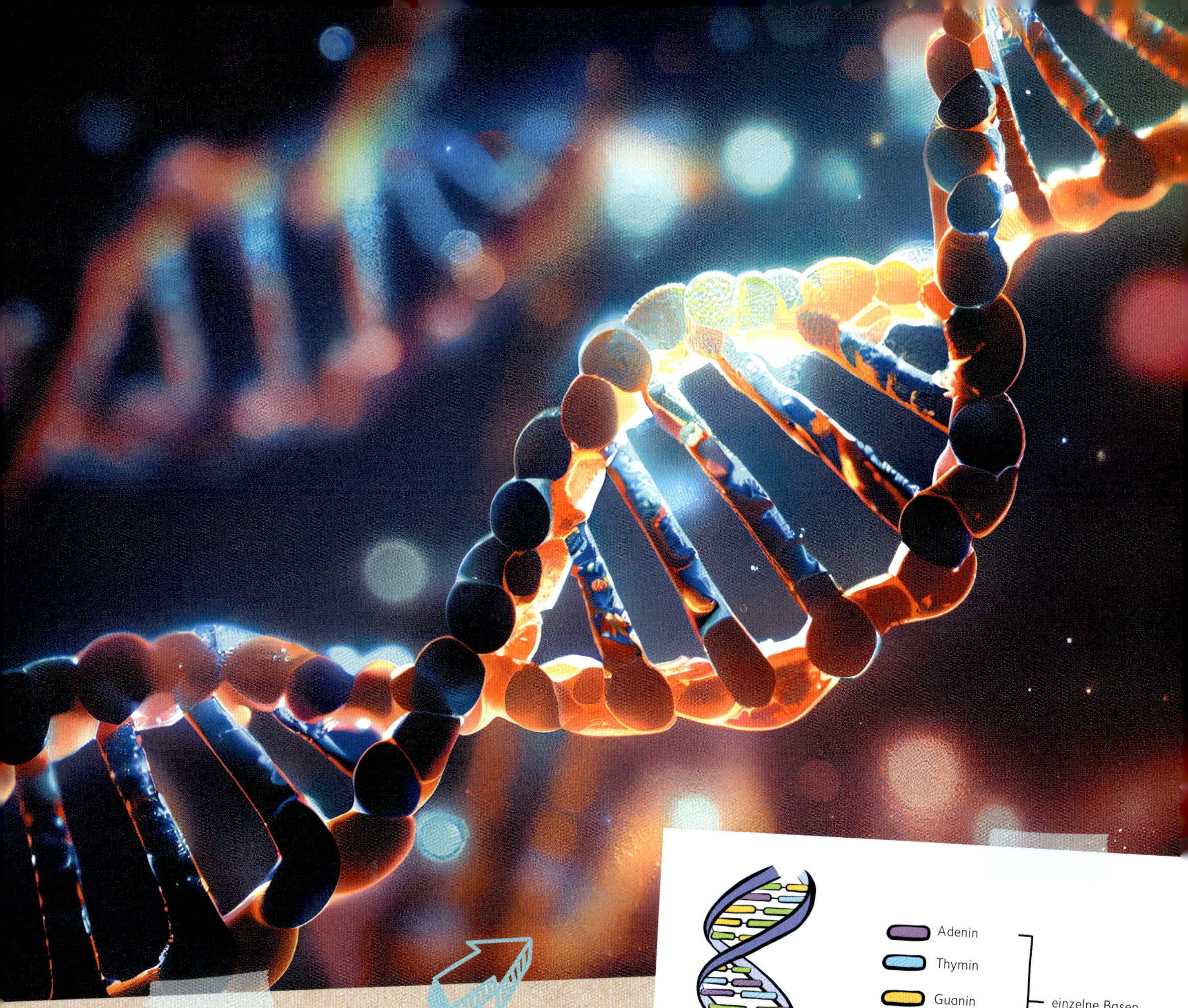

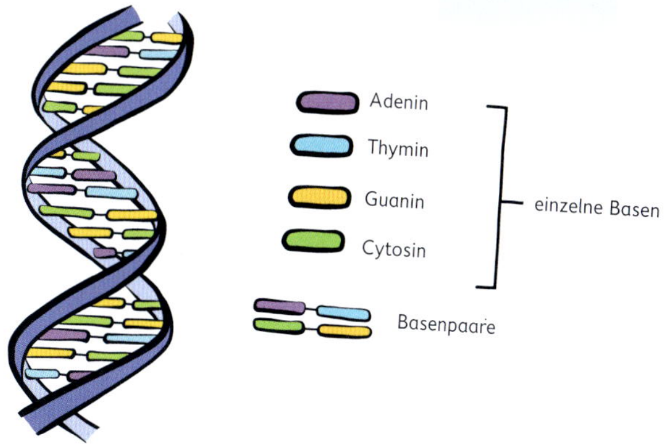

Welche Funktion übernimmt die DNS in unserem Körper?

Unser Körper besteht aus Zellen und je nachdem, wo die Zelle sich im Körper befindet, ist sie in der Lage, unterschiedlichste Aufgaben zu erfüllen und mit anderen Zellen zusammenzuarbeiten. Ihre Funktion ist als sogenannte genetische Information auf der DNS im Zellkern hinterlegt, verschlüsselt wie ein Geheimcode. Die DNS besteht aus zwei spiralig verdrillten Fäden, die durch viele Brücken aus sogenannten Nukleinbasen verbunden sind. Das Ganze sieht aus wie eine Wendeltreppe und wird Doppelhelix genannt. Helix ist das griechische Wort für Spirale. Die Brücken kannst du dir vorstellen wie die Treppenstufen der Wendeltreppe. Sie bestehen immer aus einem Pärchen von zwei Nukleinbasen, nämlich Guanin und Cytosin oder Adenin und Thymin. Abgekürzt wird das einfach mit den Anfangsbuchstaben A, G, C und T, wie du oben sehen kannst. Ein ganzer DNS-Strang wird als Chromosom bezeichnet. Die einzelnen Abschnitte auf dem Chromosom sind die Gene. In welcher Reihenfolge die Basenpärchen G-C und A-T im Chromosom eingebaut sind, bestimmt die Informationen in den Genen.

Deine DNA oder DNS ist einzigartig. Sie ist wie ein Bauplan für jedes Lebewesen.

Unglaublich!

35 min. ja

Klitzekleine Bausteine

Beim vorherigen Experiment hast du gelernt, dass unser Körper aus vielen, vielen klitzekleinen Zellen besteht. In diesen Zellen geschieht ein Vorgang, der für uns überlebenswichtig ist. Wie das funktioniert, kannst du an diesem Gurkenexperiment sehen.

Du brauchst:

- 1 Gurke
- Brettchen
- Messer
- Küchenwaage
- 2 Teller
- Stift und Papier
- Salz

So geht's:

1. Bitte eine erwachsene Person, zwei längliche Scheiben von der Gurke abzuschneiden. Wiege dann beide. Sie müssen gleich schwer sein. Ist eine Gurkenscheibe schwerer, schneidet ihr noch ein Stückchen ab, bis sie das gleiche Gewicht haben. Notiere dir das Gewicht der beiden Scheiben.

2. Lege jede Scheibe auf einen Teller. Eine Scheibe bestreust du nun großzügig mit Salz. Warte eine halbe Stunde und schau dir dann beide Scheiben noch einmal an. Was siehst du?

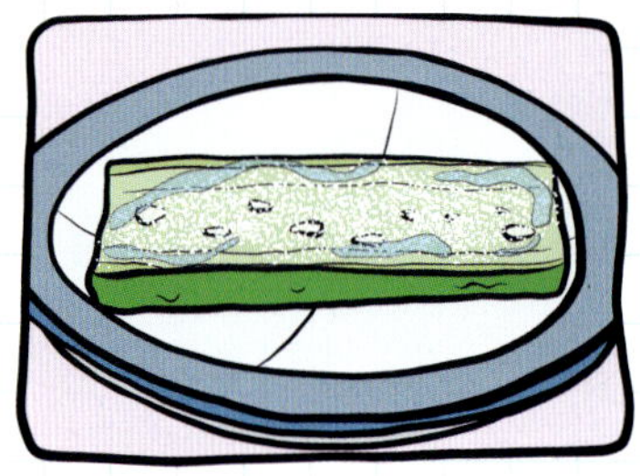

3. Wische das Salz gründlich von der Gurkenscheibe und mach danach nochmal den Wiegetest. Wie viel wiegen die beiden Scheiben jetzt? Vergleiche mit dem Ausgangsgewicht. Was hat sich verändert?

Warum wiegt die Gurkenscheibe, die man zuvor mit Salz bestreut hat, weniger?

Die Gurkenzellen enthalten viel Wasser. Die Zellwände der Gurke (genannt Membran) sind vergleichbar mit einer halbdurchlässigen Trennwand, die nur Wasser durchlässt, aber kein Salz. Streust du nun Salz auf die Gurkenscheibe, ist die Salzkonzentration außerhalb der Zellen höher als innerhalb. Das, was jetzt passiert, nennt man Osmose: Einfach formuliert ziehen sich das Salz auf der Oberfläche der Gurke und das Wasser in den Zellen der Gurke an. Das Wasser aus dem Inneren der Zelle kann durch die Wand der Zelle nach außen strömen, das Salz jedoch durch die Zellwand nicht ins Innere der Zelle gelangen. Weil viel mehr Salz außerhalb als innerhalb der Zelle ist, verliert die Zelle nach und nach Wasser. Wenn du das Salz nach einer gewissen Wartezeit nun von der Gurkenscheibe wieder entfernst, dann nimmst du das den Gurkenzellen entzogene Wasser ebenfalls von der Gurkenscheibe weg und die Gurkenscheibe ist leichter. Wenn du die Gurkenscheibe nach einer Weile noch einmal wiegst, kannst du sogar am geringeren Gewicht erkennen, dass die Gurke Wasser verloren hat.

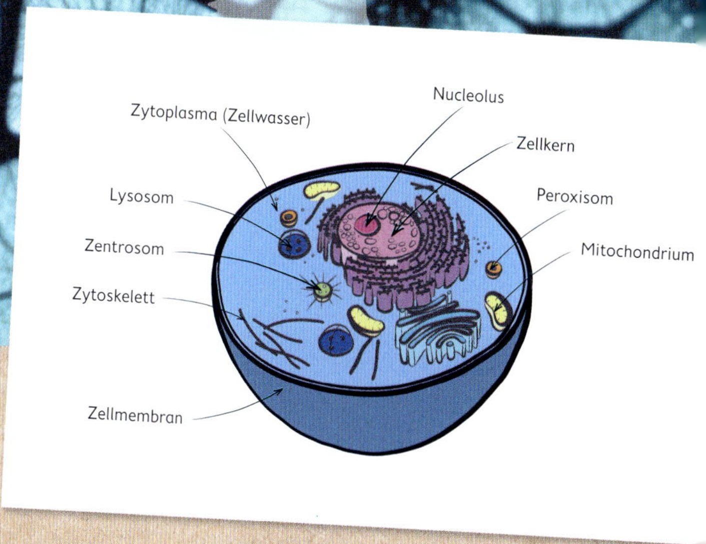

Was hat Osmose mit unseren Zellen zu tun?

Jedes Lebewesen besteht aus winzig kleinen Zellen. Die sind so winzig, dass man sie nur unter dem Mikroskop erkennen kann. Wie in deinem Experiment regulieren Zellen ihren Wasserhaushalt unter anderem mithilfe von Osmose. Ohne Osmose können wir gar nicht überleben, denn auf diese Weise nimmt eine Zelle auch Wasser auf. Das Wasser gibt der Zelle – und damit auch unserem Körper – zum einen ihre Form und dient unter anderem auch dem Transport von Nährstoffen, die im Wasser gelöst sind. Du kannst Osmose zum Beispiel an deinem Körper beobachten, wenn du zu lange im Schwimmbad warst. Dann ist Wasser von außen in die Zellen deiner Haut eingetreten und die Haut sieht ganz schrumpelig aus.

10 min. nein

Die Autobahn des Körpers

Du brauchst:

- eine kleine, leere, saubere PET-Flasche ohne Deckel
- einen Gummihandschuh
- Schere
- ein Stück Schlauch (durchsichtig, ca. 14 cm Länge, 6 mm Durchmesser)
- ein Stück Schlauch (durchsichtig, ca. 8 cm Länge, 10 mm Durchmesser)
- wasserdichtes Panzertape
- rote Lebensmittelfarbe
- Wasser
- Knete

Unaufhörlich wird Blut durch unseren Körper gepumpt. Ein großes Netz aus unterschiedlichen Blutgefäßen sorgt dafür, dass der gesamte Körper mit Blut versorgt wird. Unser Herz pumpt das Blut durch Blutgefäße, die Arterien heißen, in den Körper. Die Venen sind diejenigen Blutgefäße, die das Blut aus dem Körper zum Herzen zurücktransportieren. Und wie sie das machen, das kannst du an diesem Venenmodell sehen.

So geht's:

1. Schneide einen Finger des Gummihandschuhs wie dargestellt ab. Schneide etwas oberhalb der Mitte einen minikleinen Schlitz in den Finger.

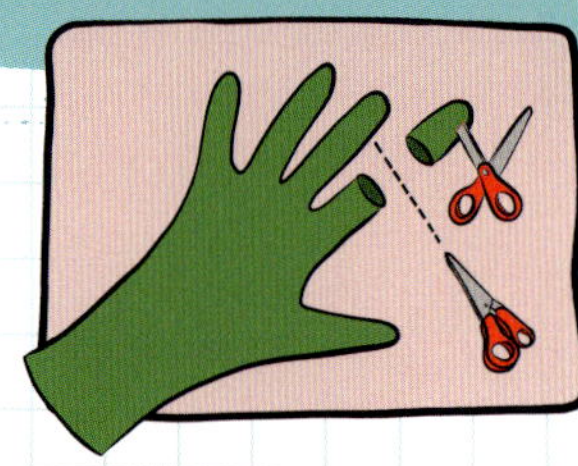

2. Stecke den dünneren Schlauch in den abgeschnittenen Handschuhfinger, und zwar etwa bis zur Hälfte des Fingers. Das Loch muss dabei über dem Schlauchende sitzen. Befestige den Schlauch mit zwei Schichten Tape am Handschuhfinger. Achte darauf, dass alles wirklich ganz dicht und das kleine Loch nicht von Tape bedeckt ist.

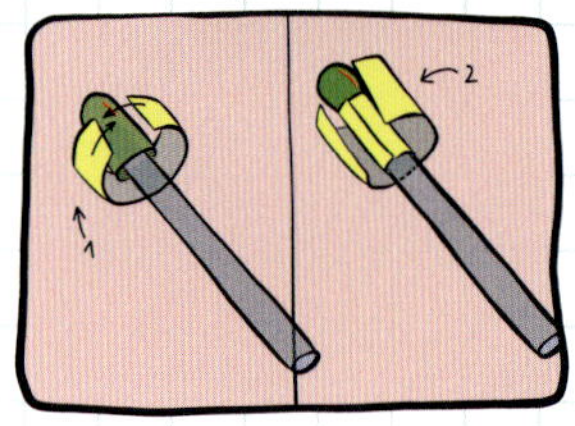

3. Zwirble den Handschuhfinger zusammen und stecke ihn in den dickeren Schlauch, sodass das Schlauchende mit dem Tape fest darin sitzt. Lässt sich der dünnere Schlauch noch bewegen, ist also noch zu locker, dann klebe noch eine dritte Schicht Tape um die ersten beiden.

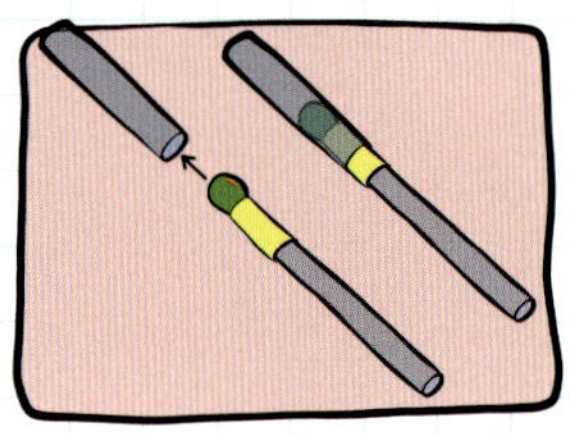

4. Fülle Wasser in die Flasche (etwa 2/3 hoch) und färbe es mit Lebensmittelfarbe rot ein. Stecke deine Konstruktion nun in die Flasche, so dass der dickere Schlauch aus der Flaschenöffnung herausschaut. Dichte die Flaschenöffnung rund um den Schlauch gut mit Knete ab. Auch hier muss alles ganz dicht sein.

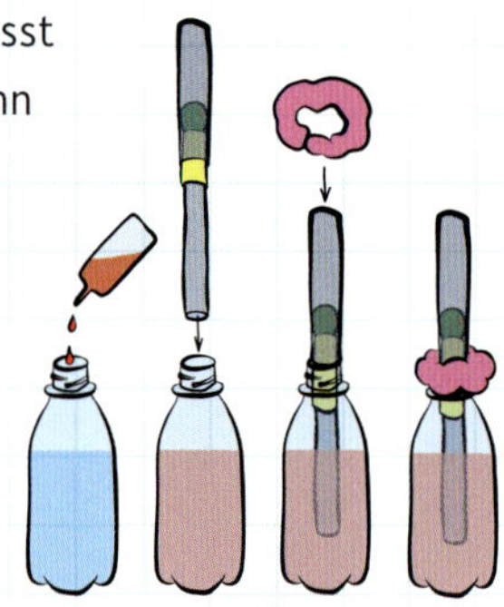

5. Drücke nun auf die Flasche und beobachte, wie die Flüssigkeit im Schlauch hochsteigt. Läuft sie nicht, dann versuche mal, das Schlauchende am Boden der Flasche diagonal einzuschneiden, damit der Flaschenboden die Öffnung nicht verdeckt. Wenn du die Flasche jetzt loslässt, dann fließt die Flüssigkeit viel langsamer oder sogar gar nicht mehr zurück, sondern bleibt im Schlauch.

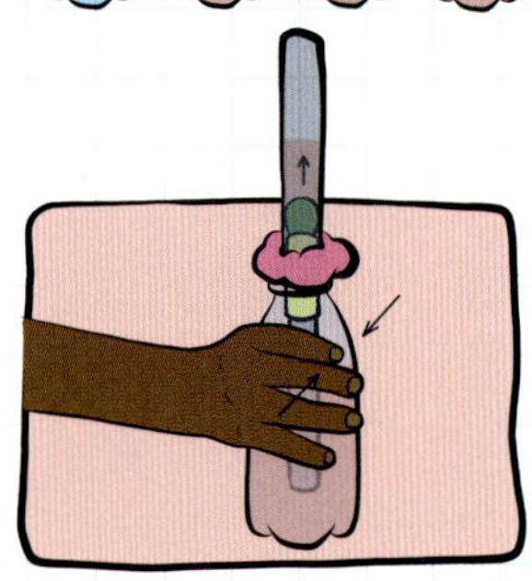

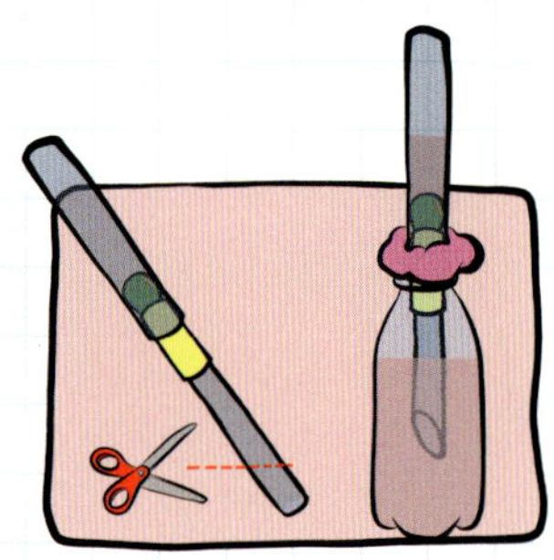

Warum bleibt die Flüssigkeit im Schlauch und fließt nicht wieder zurück?

Wenn du die Plastikflasche zusammendrückst, verringerst du das Volumen der Flasche und erzeugst damit einen Überdruck. Drückst du die Flasche nicht mehr zusammen, ist auch kein Überdruck mehr da und das Wasser würde ohne dein selbstgebautes Gummihandschuhventil wieder in die Flasche zurücklaufen. Mit deinem Gummihandschuhventil läuft das Wasser durch den Schlauch nach oben und der Gummihandschuh wölbt sich in den Schlauch hinein. Durch den kleinen Schlitz kann das Wasser nun in den Schlauch entweichen und steigt auf, bis es oben herausläuft. Nimmt man nun den Druck von der Flasche, sackt der Gummihandschuh zusammen und der Schlitz verschließt sich. Das Wasser ist so im Schlauch gefangen und kann deswegen nicht in die Flasche zurücklaufen.

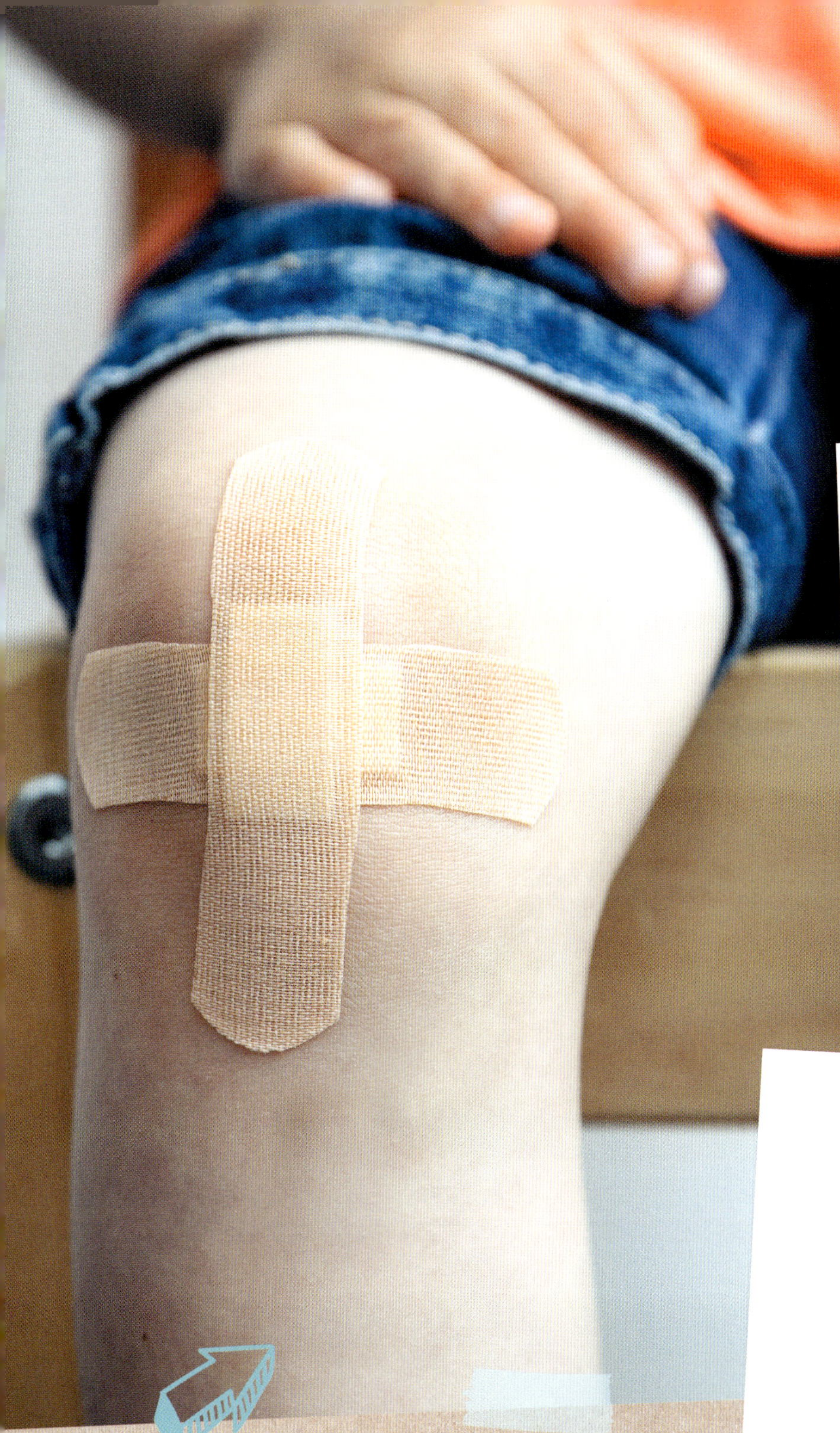

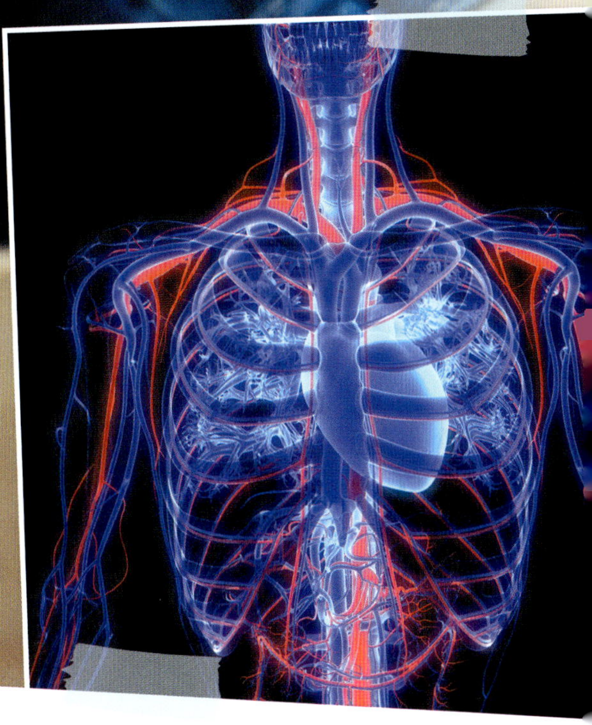

Wie fließt das Blut durch unsere Venen?

Das Blut in den Venen fließt auf unterschiedliche Arten zurück zu unserem Herzen. Die Muskelpumpe der Beine funktioniert ähnlich wie in diesem Experiment. Beim Gehen spannen sich deine Muskeln, verkürzen sich und werden dabei dicker. Die Venen, die zwischen den Muskeln liegen, werden aufgrund dessen zusammengedrückt (wie die Flasche in unserem Versuch) und das Blut aus den Füßen fließt in Richtung Herz. Nun hast du keine Gummihandschuhventile in deinen Venen, sondern ganz zarte Taschenklappen, die sich öffnen, wenn das Blut zum Herzen fließt, und schließen, wenn das Blut zurückfließen möchte. Mithilfe der Taschenklappen in den Venen fließt das Blut nicht mehr in die Füße zurück.

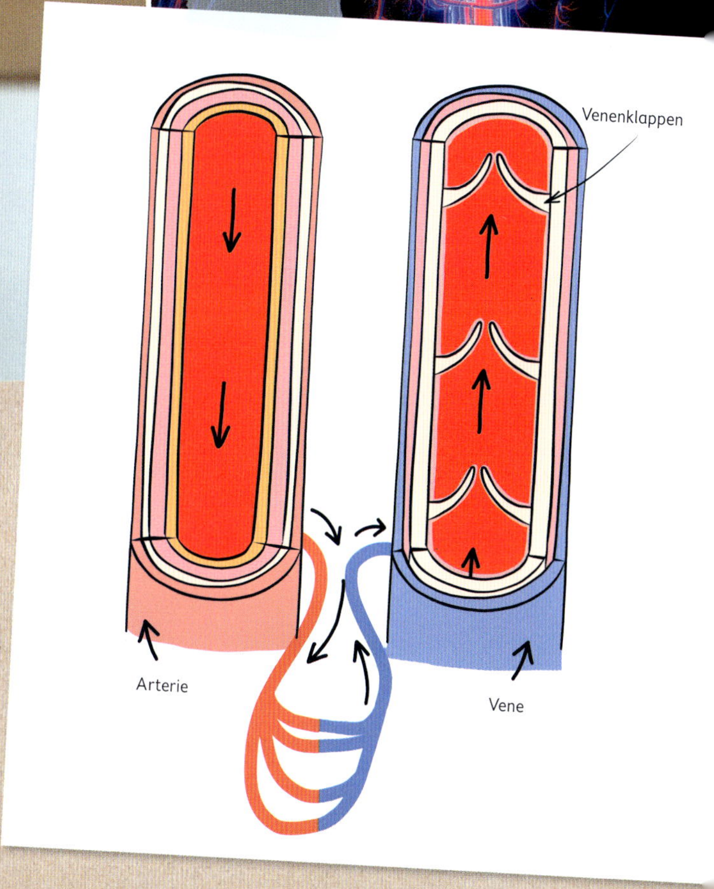

15 min. ja

Ohne Herz geht nix

Dass das Blut durch unseren Körper transportiert wird, haben wir überwiegend dem Herzen zu verdanken. Das Herz ist ein echtes Powerorgan. Es schlägt unaufhörlich und pumpt Blut durch die Blutgefäße. Bei richtig fitten Sportler*innen kann es bis zu 35 Liter, das sind also 35 Milchtüten, Blut pro Minute durch den Körper pumpen. Im Zusammenspiel mit der Lunge sorgt das Herz dafür, dass unser Körper immer mit Nährstoffen und Sauerstoff versorgt wird. Ohne Herz läuft also einfach nichts. Mit diesem Experiment kannst du ein Herz nachbauen.

Du brauchst:

- 2 Honiggläser (leer und sauber)
- Wasser
- einen großen Ballon
- Schere
- wasserdichtes Tape
- Schlauch (10 mm Durchmesser, 15 cm Länge)
- die Schlauchkonstruktion aus deinem Venenmodell (S.38)*

*Zieh einfach die Schläuche wieder aus der Flasche und entferne die Knete!

So geht's:

1. Fülle ein Honigglas zur Hälfte mit Wasser. Schneide den Hals des Ballons ab, stülpe ihn über die Öffnung des Honigglases und fixiere ihn rundherum mit Tape. Lasse dir dabei von einer erwachsenen Person helfen.

2. Stich mit der Spitze der Schere zwei klitzekleine Löcher in den Ballon, nah am Rand des Glases. In diese beiden Löcher steckst du nun den dicken Schlauch und das dünnere Ende deines Venenschlauchs aus dem vorherigen Experiment. Achte darauf, dass die Schlitze nicht zu breit sind und der Ballon die Schläuche ganz umfasst.

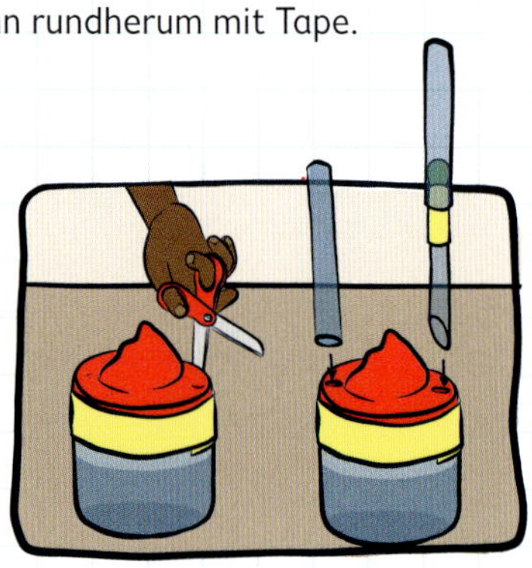

3. Das dicke Ende des alten Venenschlauchs leitest du nun in das zweite Glas. Verschließe das dicke Schlauchstück des anderen Schlauchs mit dem Finger und drücke den Ballon fest nach unten. Nun steigt das Wasser im Venenschlauch auf. Wenn das Wasser nicht mehr weiterläuft, lass den Ballon los und nimm den Finger vom Schlauchende. Zieh die Membran leicht nach oben. Halte die Öffnung des dicken Schlauches wieder zu und drücke erneut den Ballon nach unten. Nach einer Weile transportierst du das Wasser auf diese Weise in das zweite Glas.

Warum fließt das Wasser von einem Glas ins andere?

Drückst du die Ballonmembran in das Glas, erzeugst du damit einen Überdruck. Du kannst erkennen, wie das Wasser aus dem Glas in den Schlauch gedrückt wird. Ziehst du nun an der Ballonmembran und lässt die Öffnung des dicken Schlauchs los, kann Luft von außen durch den dicken Schlauch in das Honigglas nachströmen. Dein Gummihandschuhventil im Venenmodell verhindert dabei, dass das Wasser wieder zurückläuft.

Da läuft gar nichts? Dann ist dein Modell an irgendeiner Stelle nicht ganz dicht. Prüfe, ob am Ballon oder an den Schläuchen irgendwo Luft entweicht. Dichte diese Stellen mit Tape ab und probiere es nochmal.

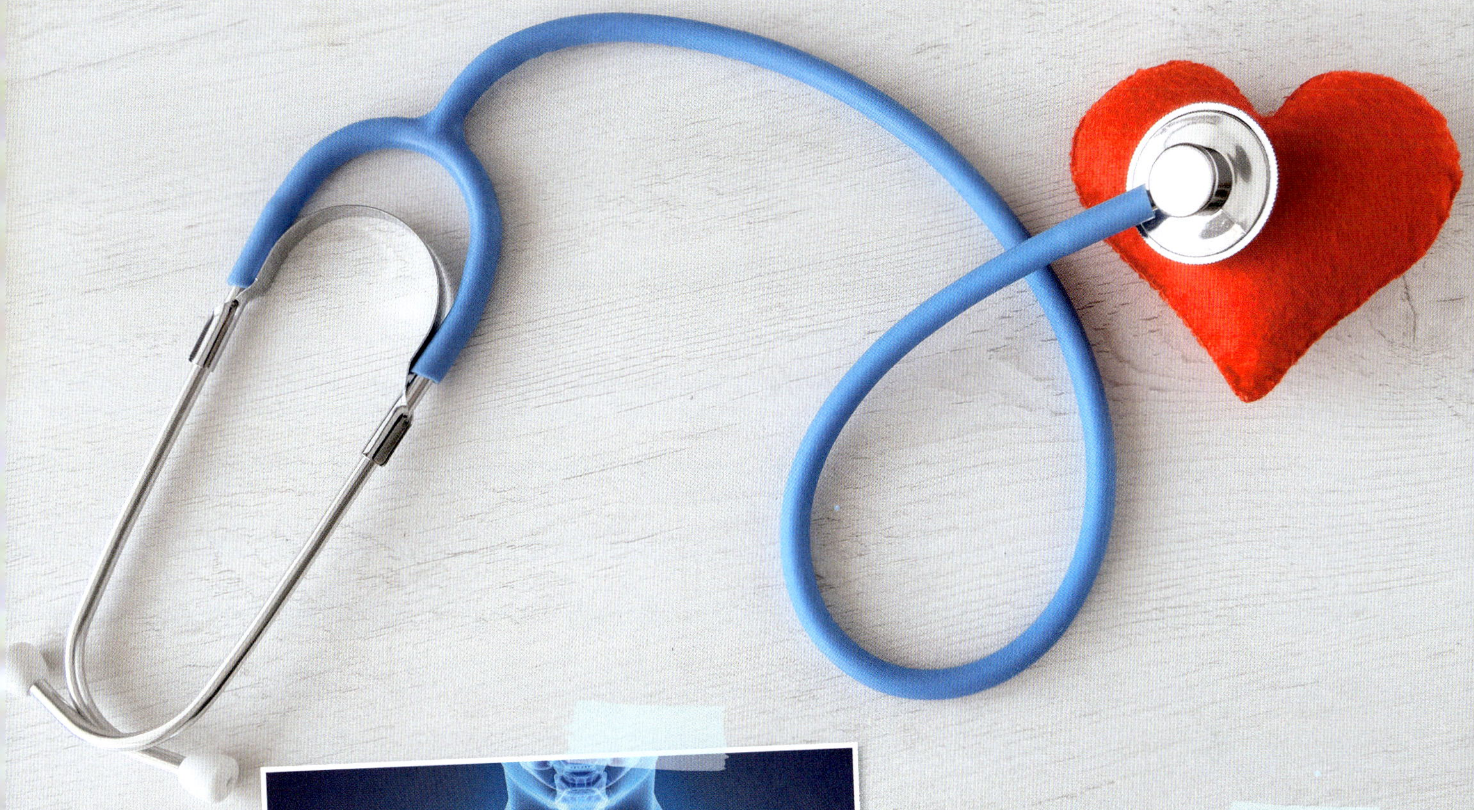

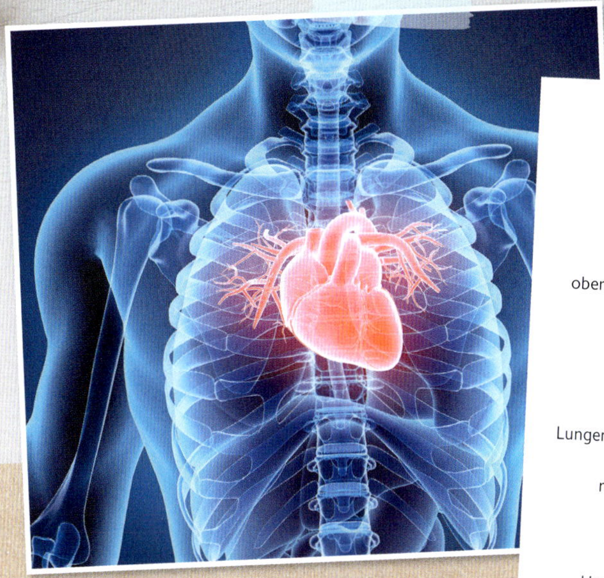

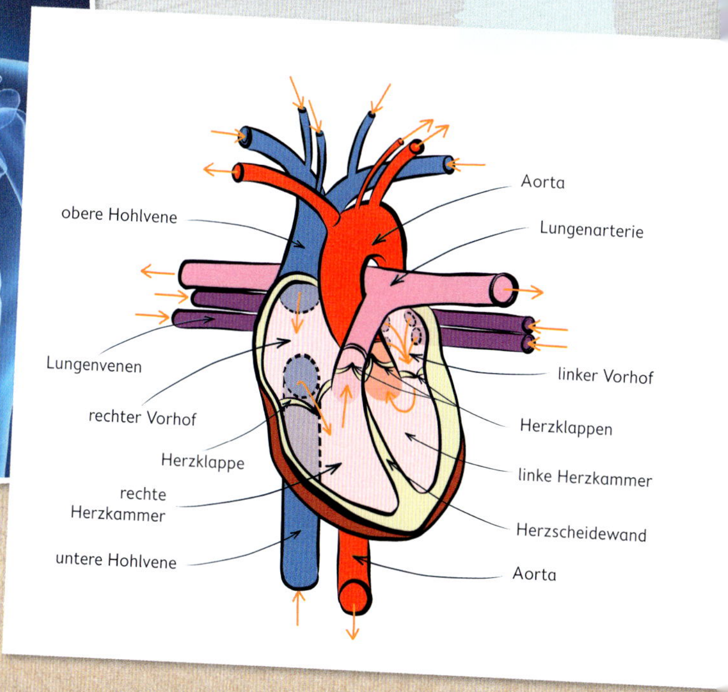

Wie arbeitet das Herz?

Das Honigglas aus unserem Versuch ist vergleichbar mit einer Herzkammer, die aus Muskelgewebe besteht. Zieht sich die gefüllte Herzkammer zusammen, dann erzeugt sie einen Überdruck, der das Blut aus der Herzkammer heraus in die Blutgefäße drückt. Das nennt man die „Pumpphase" des Herzens.

Ist die „Pumpphase" des Herzens beendet, folgt die „Saugphase". Hier saugt sich das Herz wieder mit Blut voll und die Herzkammern füllen sich.

Du erinnerst dich an die Klappen in den Venen aus dem vorhergehenden Experiment? Über ähnliche Klappen wird der Blutfluss im Herzen gesteuert und ein Zurückfließen des Blutes in die falsche Richtung verhindert.

Ich hab' ein Herz für Medizin!

10 min. nein

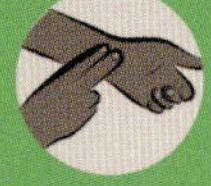

Check mal deinen Puls!

Du brauchst:

- Knete
- einen Holzspieß

Wenn du eine Weile sehr schnell rennst, dann spürst du besonders gut, wie das Blut durch deinen Körper pulsiert. Der Puls zeigt dir an, dass dein Herz fleißig arbeitet. Je mehr du dich anstrengst, desto schneller schlägt dein Herz und desto höher ist dein Puls. Auch wenn du ängstlich bist oder verärgert, kann es sein, dass dein Puls sich erhöht. Mit diesem Pulsdetektor kannst du deinen Puls sichtbar machen.

So geht's:

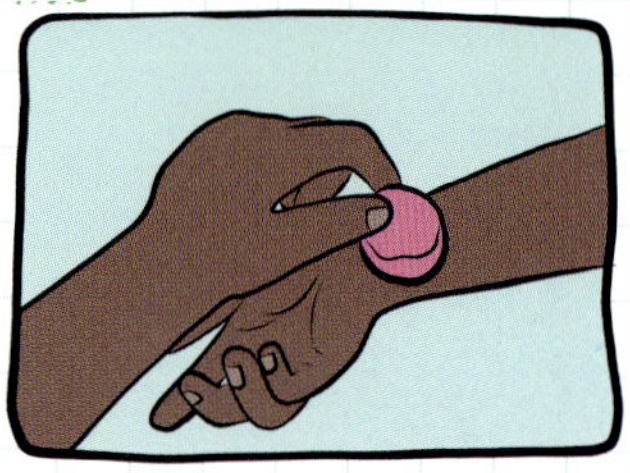

1. Forme einen Ball aus einem Stück Knete. Lege deine Hand mit der Innenseite nach oben auf einem Tisch ab. Drücke die Knete etwas unterhalb des Handgelenks auf den Unterarm, so dass sie gut hält.

2. Stecke den Holzspieß vorsichtig mit der stumpfen Spitze in die Knete.

3. Jetzt musst du die Hand ganz ruhig halten. Wenn du genau hinsiehst, erkennst du, wie die Spitze des Holzspießes rhythmisch leicht zittert. Diese Bewegung wird durch deinen Puls verursacht.

4. Nimm den Pulsdetektor ab. Jetzt musst du deinen Puls ein bisschen auf Trab bringen. Dazu läufst du durch die Wohnung, am besten auch ein paar Treppen, bis du so richtig aus der Puste bist.

5. Mach das Experiment von Punkt 3 direkt nochmal. Wie bewegt sich die Spitze des Holzspießes jetzt?

Deinen Puls kannst du auch am Hals oder in der Kniekehle spüren. Probiere es mal aus!

Warum bewegt sich der Holzspieß stärker, nachdem ich mich angestrengt habe?

Leg mal deinen Finger auf eine Arterie. So nennen wir die Schlagadern, die du zum Beispiel an deinem Handgelenk findest. Kannst du deinen Puls spüren? Fühlt sich ein bisschen so an, als würde die Arterie von unten gegen deinen Finger klopfen, oder? Aber eigentlich ist es eher so, als würde sich eine kleine Blutwelle in deiner Arterie fortbewegen. Wenn die Welle den Pulsdetektor erreicht, reitet dein Knetekissen über die Welle und der in der Knete steckende Spieß zittert leicht. Je länger der Spieß, desto besser ist die Bewegung am Ende sichtbar.

Wenn du dich bewegst oder sogar ein paar Kniebeugen machst, dann brauchen deine Muskeln mehr Nährstoffe und Sauerstoff. Dein Kreislauf bekommt ein Signal, die Herzfrequenz, also die Anzahl an Herzschlägen pro Minute, zu steigern und so den Nährstoff- und Sauerstofftransport zu beschleunigen, damit den Muskeln nicht vorzeitig die Luft ausgeht. Das heißt, dass dein Herz jetzt etwas schneller schlägt und das Blut schneller durch den Körper gepumpt wird. Mit dem Anstieg der Herzfrequenz steigt dann auch dein Puls. Das erkennst du daran, dass sich dein Spieß nun schneller bewegt.

Was ist eigentlich der Puls?

Der Puls ist eine plötzliche wellenförmige Ausdehnung der Arterie, die entsteht, wenn das Herz pumpt. Muskeln können sich zusammenziehen. Auch das Herz ist ein Muskel. Wenn der Herzmuskel sich in der Pumpphase zusammenzieht, wird der Inhalt der Herzkammern ausgeworfen und das Blut fließt. Da deine Arterien elastisch wie ein Gummischlauch sind, dehnen sie sich kurzzeitig aus. Nach und nach wird die Arterie wieder dünner. Jetzt wird die Energie, die in der Wand der Arterie gespeichert ist, an das Blut übertragen. Das nennt man Windkesselfunktion. So reißt auch in der Saugphase des Herzens, bei der das Herz nicht pumpt, sondern sich wieder vollsaugt, der Blutfluss nicht ab. Und unser Kreislauf kann den Körper fast ohne Unterbrechung mit Sauerstoff und Nährstoffen über das Blut versorgen.

Etwa so funktioniert das mit unseren Arterien auch.

Die oben beschriebene Windkesselfunktion kannst du mit einem länglichen Ballon (so einem, mit dem man Ballontiere basteln kann) nachbauen. Fülle den Ballon mit Wasser und lege ihn, ohne einen Knoten zu machen, auf die Terrasse. Jetzt kannst du beobachten, wie das Wasser aufgrund der Spannung in der Ballonwand erst schneller, dann langsamer hinausläuft.

20 min. ja

Du brauchst:

- eine große PET-Flasche (z. B. eine 1 Liter-Softdrink-Flasche)
- Brotmesser
- Gartenhandschuhe
- 2 Ballons (rot und blau)
- Schere
- Tape
- einen Schlauch (10 mm Durchmesser, Länge: ca. 20 cm)
- Knete

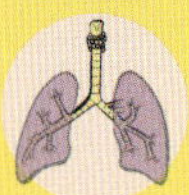

Und einmal tief Luft holen!

Atme mal tief ein – und wieder aus. Kinder machen so etwa 20 Atemzüge pro Minute. Erwachsene benötigen weniger Atemzüge, so etwa 10 bis 15. Meistens geschieht das Atmen ganz automatisch, ohne dass wir darüber nachdenken. Die Atemmuskeln sorgen dafür, dass Luft in die Lungen ein- und wieder ausströmt. Durch das Atmen wird die Lunge mit frischer Luft versorgt und sie kann die verbrauchte Luft wieder abgeben. An diesem Lungenmodell kannst du die Funktionsweise der Lunge noch besser nachvollziehen.

So geht's:

1. Lass eine erwachsene Person den Boden der PET-Flasche mit einem Brotmesser abschneiden. (Am besten zur Sicherheit dabei Gartenhandschuhe anziehen!)

2. Schneide den Hals des blauen Ballons ab. Bitte eine erwachsene Person, den Rest des Ballons über den nun offenen Boden der Flasche zu stülpen. Vorsicht, die Flasche hat scharfe Kanten! Fixiere den Luftballon mit Tape.

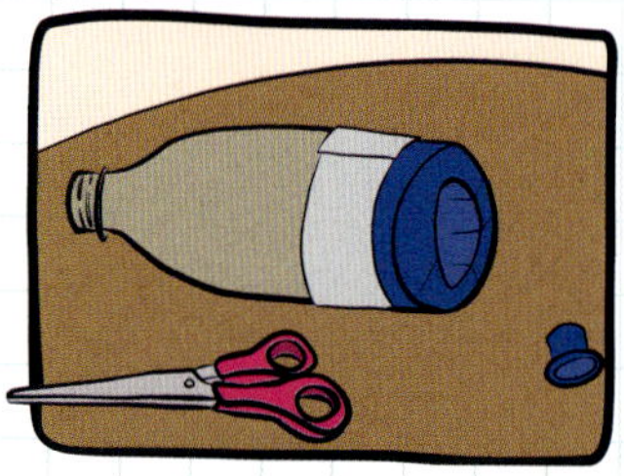

3. Stecke den Schlauch in den roten Ballon und fixiere ihn an dessen Hals mit einem Stück Tape. Die Ballonöffnung sollte vom Tape überdeckt sein.

4. Stecke den Schlauch mit dem roten Ballon von oben in die Flasche. Dichte die Öffnung rund um den Schlauch großzügig mit Knete ab. Falls es nicht dicht wird, decke die Öffnung zusätzlich mit Frischhaltefolie ab.

5. Ziehe nun unten an deinem blauen Ballon und beobachte, was mit dem Ballon im Inneren der Flasche passiert!

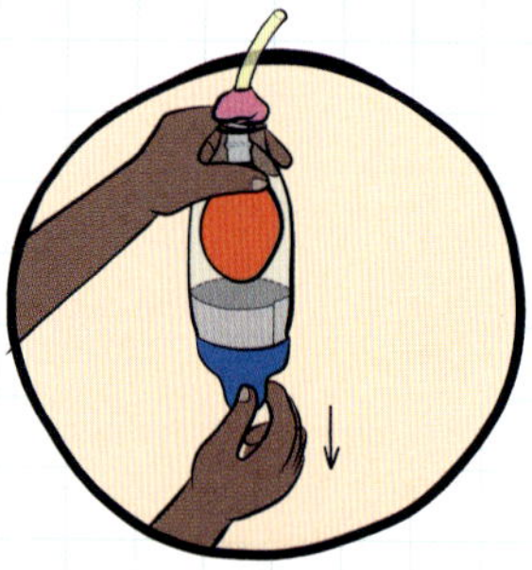

Warum entfaltet sich der rote Ballon im Inneren der Flasche, wenn man am unteren Ballon zieht?

Wenn du an dem unteren Luftballon (bei uns ist das der blaue) ziehst, bildet sich ein Unterdruck in der Flasche. Dieser Unterdruck lässt die Luft durch den Schlauch einströmen und der Ballon im Inneren der Flasche füllt sich so lange mit Luft, bis der Unterdruck verschwunden und der Luftdruck in der Flasche genauso hoch ist wie außerhalb.

Lässt du den blauen Ballon wieder los, bewegt sich dieser möglichst in seine Ausgangsposition mit der geringsten Wandspannung zurück, der Luftdruck in der Flasche steigt wieder an und es entsteht ein Überdruck. Das führt dazu, dass die Luft, mit der der rote Ballon im Inneren der Flasche gefüllt ist, ausströmt, bis der Luftdruck außerhalb und innerhalb der Flasche wieder gleich ist.

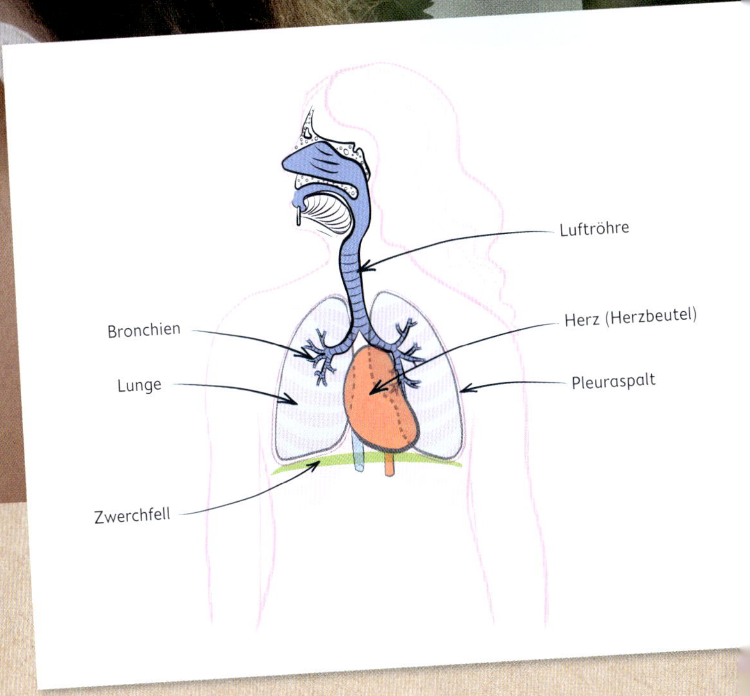

Wofür brauchen wir die Lunge und wie arbeitet sie?

Ähnlich wie der rote Ballon aus dem Experiment arbeitet auch deine Lunge. Spannt sich das Zwerchfell (blauer Ballon), entsteht im Pleuraspalt ein Unterdruck und der Brustkorb weitet sich aufgrund der einströmenden Luft. Entspannt sich das Zwerchfell (blauer Ballon), strömt die Luft wieder aus. Das ist wichtig, damit wir immer frische Luft einatmen und verbrauchte Luft ausatmen können. Unsere Lunge ist der Ort, an dem der Sauerstoff, den unser Körper zum Leben benötigt, aus der Atemluft ins Blut gelangt und das Abfallprodukt Kohlendioxid aus dem Blut an die Atemluft abgegeben wird.

10 min. ja

Hicks!

Du brauchst:

- eine 1 l-PET-Flasche
- Brotmesser und Schneidebrettchen
- Gartenhandschuhe
- einen Ballon
- Schere
- Tape
- eine Partytröte
- Knete

Hicks! Kennst du das? Plötzlich ist er da, der Schluckauf. Nicht nur du bist überrascht, sondern oft auch die Personen um dich herum, denn aus heiterem Himmel gibst du lustige Töne von dir, die du nicht kontrollieren kannst. Was passiert eigentlich bei einem Schluckauf? Baue eine Schluckauf-Maschine und finde es heraus!

So geht's:

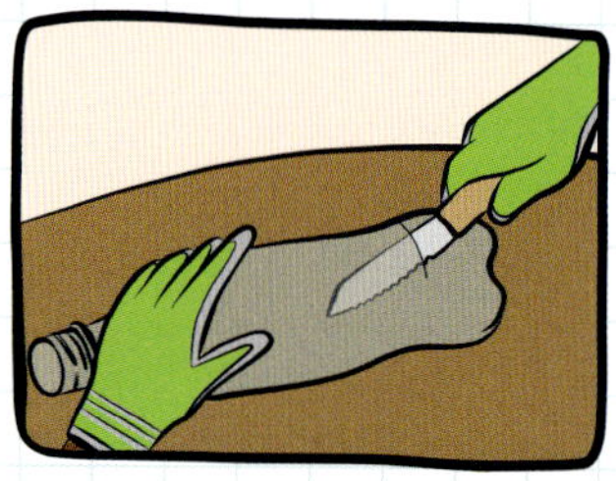

1. Bitte eine erwachsene Person, den Boden der PET-Flasche mit einem Brotmesser abzuschneiden. (Am besten zur Sicherheit dabei Gartenhandschuhe anziehen!) Schneide den Hals des Ballons ab und stülpe ihn über die große Öffnung der Flasche. Fixiere ihn rundherum mit Tape. Klebe als Griff ein Stück Tape mittig auf den Ballon. **Tipp:** Du kannst auch einfach die Flaschenkonstruktion deiner Lunge (S.44) wiederverwenden. Nimm dazu einfach den inneren Ballon mit dem Schlauch heraus.

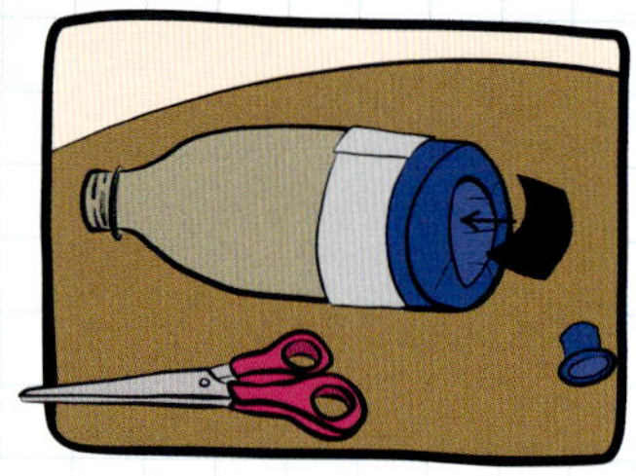

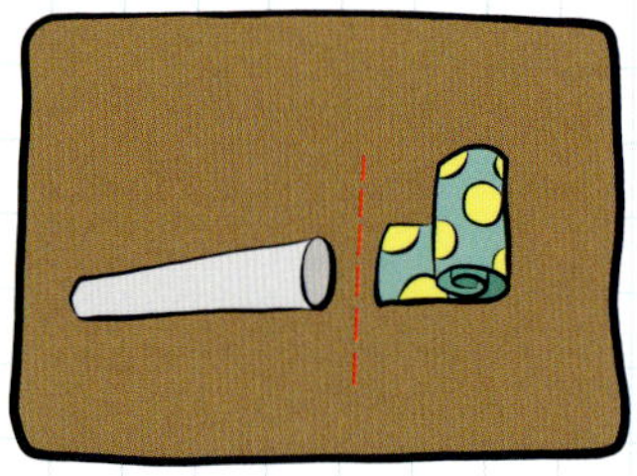

2. Löse das Mundstück deiner Tröte vom Papier ab.

3. Stecke das Mundstück der Tröte zur Hälfte in die Flasche. Die Seite, in die du pustest, zeigt nach oben. Wenn du nun möglichst schnell an dem Ballon unten ziehst, dann erklingt die Tröte. Klappt nicht? Dann versuche es mal andersherum (Mundstück zeigt in die Flasche hinein) und drücke den Ballon unten schnell in die Flasche.

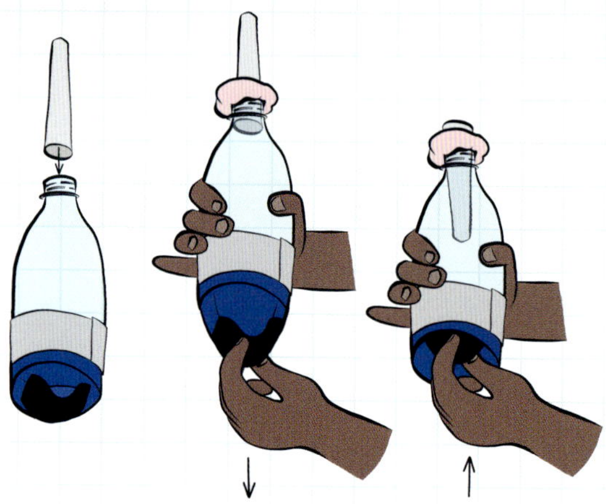

Warum höre ich die Tröte, wenn ich den Ballon in die Flasche drücke und wieder herausziehe?

Die Entstehung des Tons in unserem Experiment ist leicht erklärt: Drückt man den Ballon in die Flasche hinein, so wird innen ein Überdruck erzeugt, der die Luft durch die Tröte nach außen drückt. Ziehst du den Ballon heraus, dann kehren wir die Druckverhältnisse wieder um: Aufgrund des Unterdrucks in der Flasche strömt die Luft durch die Tröte wieder hinein. Je nachdem, in welche Richtung das Mundstück zeigt, kannst du den Ton entweder beim Hereindrücken oder Herausziehen des Ballons erzeugen. Wichtig ist jedoch, dass du dies möglichst schnell machst.

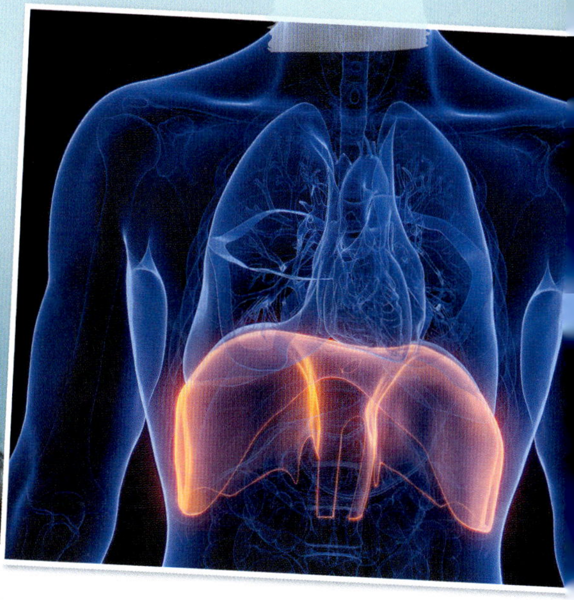

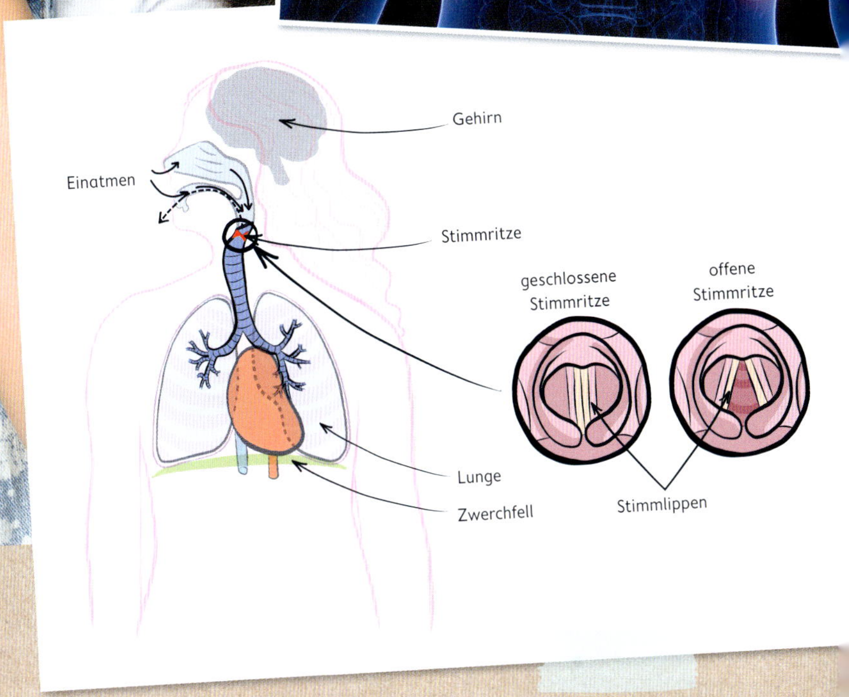

Was ist ein Schluckauf und was für einen Sinn hat er?

Muskeln können sich zusammenziehen und wieder entspannen. Auch bei der Atmung spielen sie eine wichtige Rolle. Beim Schluckauf zieht sich das Zwerchfell, welches ja auch ein Muskel ist, plötzlich stark und schnell zusammen, ohne dass du etwas dagegen tun kannst. Gleichzeitig schließen die Stimmlippen die Stimmritze im Kehlkopf reflexartig und begrenzen den Lufteinstrom. Die Stimmlippen sind eigentlich dafür da, dass sie die Töne beim Sprechen oder Singen erzeugen. Sie machen das, wenn die Luft an ihnen vorbeiströmt. Bevor sich die Stimmlippen beim Schluckauf jedoch vollständig verschlossen haben, strömt noch eine kleine Menge Luft ein, die den typischen, abrupt aufhörenden Ton beim Schluckauf erzeugt. Nach einer Weile kann so ein Schluckauf ganz schön anstrengend werden, denn das Zwerchfell wird dabei ziemlich belastet. Große Kinder und Erwachsene brauchen den Schluckauf nicht mehr. Aber es wird angenommen, dass Babys noch im Bauch der Mutter so ihren Atemreflex und das Zwerchfell trainieren. Frag mal deine Eltern, vielleicht hattest du auch Schluckauf, als du noch nicht geboren warst. Säuglinge haben ebenfalls oft Schluckauf. Sie lassen darüber Luft aus dem Magen ab, um Platz für neue Milch zu schaffen.

10 min. nein

Wer knurrt denn da?

Im Magen entsteht aus der Nahrung, die wir aufnehmen, ein matschiger Brei. Dann ist kaum mehr zu erkennen, ob wir vorher eine Banane, ein Brot oder eine Suppe gegessen haben. Der Brei bleibt eine Weile im Magen, wird dort verdaut und dann zum Darm weitergegeben. Wie aus deinem Mittagessen ein breiiger Matsch wird, das kannst du mit diesem Experiment mal selbst testen.

Du brauchst:

- Mörser
- Kekse, Schokolade, ein Stück Banane oder andere Lebensmittel, die sich gut zerkrümeln und zerdrücken lassen
- einen Zipperbeutel
- etwas Wasser
- etwas Essig

So geht's:

1. Krümle Kekse, Schokolade und was du sonst noch so gefunden hast, in den Mörser, gib kleine Stückchen Banane oder ähnliches hinzu und vermische erst einmal alles grob.

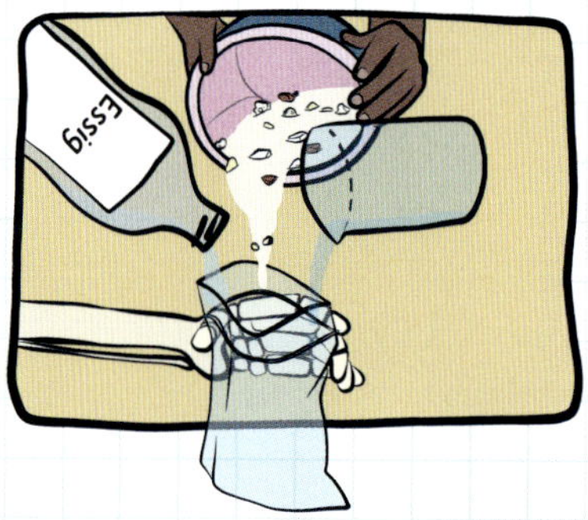

2. Gib das alles nun in den Zipperbeutel. Gib etwas Wasser hinzu und auch ein wenig Essig und verschließe den Beutel.

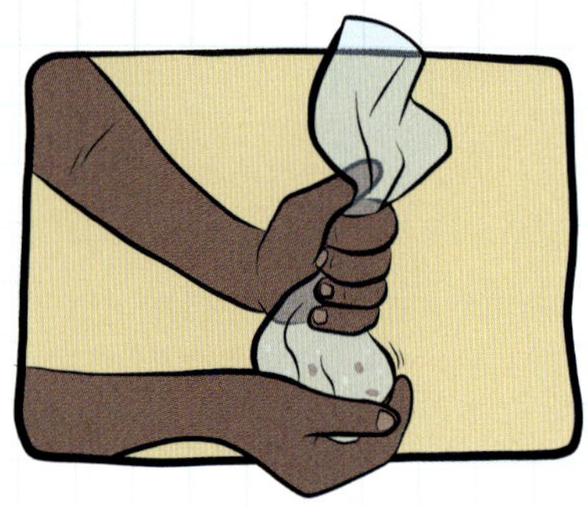

3. Jetzt knetest du den Zipperbeutel mit der Mischung darin mit den Händen kräftig durch. So lange, bis ein gelb-brauner Brei entsteht. Fertig ist dein Magenbrei.

Wirf deinen Magenbrei nicht weg, denn du brauchst ihn noch für das Experiment auf der nächsten Seite!

Das ist das ekligste Experiment, das ich kenne!

Dann warte mal ab, was auf der nächsten Seite auf dich wartet!

Warum werden die Lebensmittel zu einem Brei?

Wenn du die Lebensmittel zusammen zermörserst, werden die einzelnen Bestandteile immer kleiner und vermischen sich. Beim Kneten im Zipperbeutel werden die Partikel noch feiner. So entsteht nach und nach ein Brei. Der Essig hilft dabei: Die Säure im Essig zerlegt die Nahrung in ihre Einzelteile, er spaltet die Proteine (das sind Stoffe, die wir auch Eiweiße nennen) auf. Je länger du knetest, desto weniger wirst du später noch einzelne Bestandteile deiner Lebensmittel erkennen können.

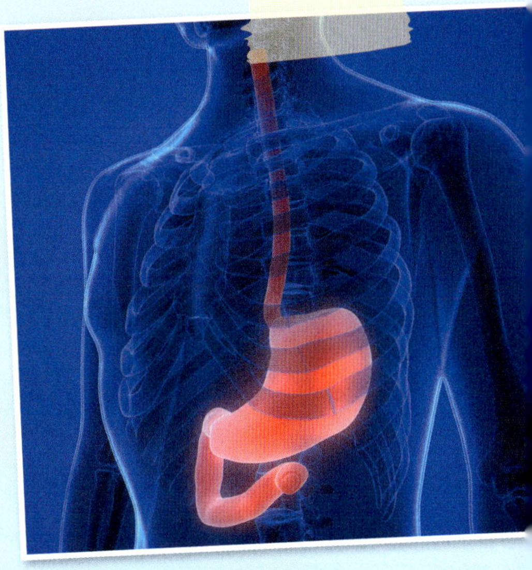

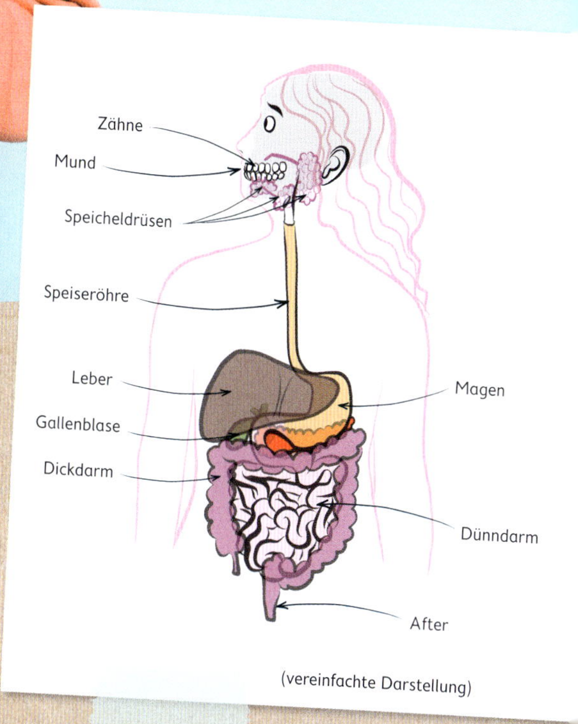

(vereinfachte Darstellung)

Was passiert im Magen mit unserem Essen?

Wenn wir etwas essen, dann beginnt die Verdauung bereits mit dem Abbeißen und Kauen. Um Nahrungsbrocken für den Transport vom Mund über die Speiseröhre in den Magen vorzubereiten, zerkleinern wir die großen und zum Teil noch festen Nahrungsbestandteile mit unseren Zähnen. Das ist ein bisschen so, wie als du die Nahrungsbestandteile mit dem Mörser zerkleinert hast. Schon beim Anblick von Essen werden die Speicheldrüsen im Mund angeregt, Speichel zu produzieren. Daher kommt auch der Spruch, dass einem das Wasser im Mund zusammenläuft. Der Speichel verflüssigt den Nahrungsbrei (wie das Wasser in deinem Experiment) und hilft, ihn besser durch die Speiseröhre rutschen zu lassen. Ohne Speichel fällt das Schlucken extrem schwer, selbst wenn die Nahrungsbestandteile ganz klein sind. Auch wenn du dein Essen lange kaust, so müssen die einzelnen Nahrungsbestandteile (Kohlenhydrate, Proteine, Fette und so weiter) noch viel mehr zerkleinert werden, als es die Zähne allein vermögen. Deswegen sind im Speichel kleine Enzyme. Speichelenzyme (sogenannte Amylasen) sind eine Art Minischere für Nahrungsmittel. Diese Enzyme hier können Kohlenhydrate spalten. Kohlenhydrate sind Bestandteile unserer Nahrung, die uns Energie liefern. Die Enzyme zerkleinern die gekauten Nahrungsbestandteile noch weiter, so dass sie später einfacher aus dem Darm in den Körper aufgenommen werden können. Durch die Speiseröhre gelangt das Essen nun in den Magen (das ist in deinem Experiment der Zipperbeutel). Im Magen sorgt die Magensäure dafür, dass sich das Essen zersetzt und die Nahrungsbestandteile noch kleiner werden. Außerdem tötet sie Bakterien ab. So wie du den Zipperbeutel geknetet hast, kneten die Magenmuskeln die Nahrung, bis aus ihr ein Magenbrei entstanden ist, in dem sich die Verdauungssäfte möglichst gut und gleichmäßig verteilt haben.

Versuch mal, ganz lange auf einem Stück Brot zu kauen. Du wirst merken, dass es irgendwann süß schmeckt, weil die Enzyme im Speichel die Stärke im Brot zu Zucker zerlegen.

10 min. nein

Ein bisschen eklig, aber spannend!

Der Darm ist ein ziemlich großes Organ, in dem eine ganze Menge passiert. Zum Beispiel wird aus deinem recht flüssigen Magenbrei nun Kot. Und wie das funktioniert, das kannst du jetzt mit deinem Magenbrei aus dem vorherigen Experiment selbst testen.

Du brauchst:

- eine alte Nylonstrumpfhose
- Schere
- ein Glas
- den Magenbrei, den du beim Experiment von Seite 48 hergestellt hast
- Küchenpapier

So geht's:

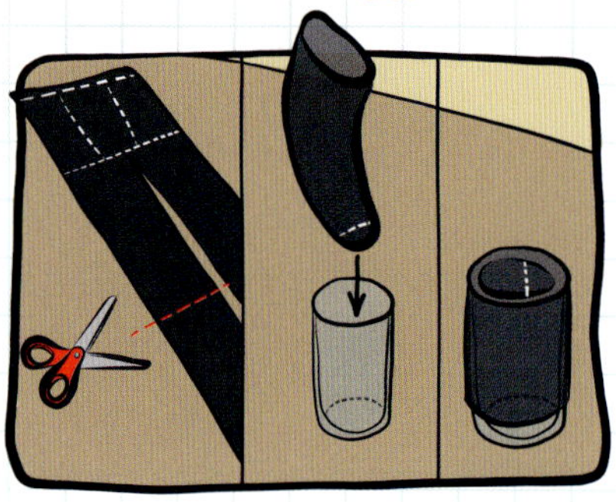

1. Schneide ein Stück Bein der Strumpfhose ab und stülpe es in ein Glas.

2. Gib deinen Magenbrei in die Strumpfhose. Dazu schneidest du eine kleine Ecke deines Zipperbeutels auf und drückst den Inhalt heraus.

3. Zieh die Strumpfhose aus dem Glas, halte die offene Seite zu und drücke den Magenbrei nun aus. Versuche, so viel Flüssigkeit wie möglich herauszupressen.

4. Jetzt schneidest du ein kleines Loch unten in die Strumpfhose und drückst den Inhalt auf ein Stück Küchenpapier. Na, wie sieht das aus?

Warum sieht mein Magenbrei nun aus wie eine Wurst?

Dein Magenbrei enthält Flüssigkeit. Durch die feinen Löcher in der Strumpfhose kannst du die Flüssigkeit herausdrücken, die größeren, festeren Bestandteile bleiben aber drin. Deshalb sieht das, was in der Strumpfhose übrig bleibt, aus wie eine festere Wurst.

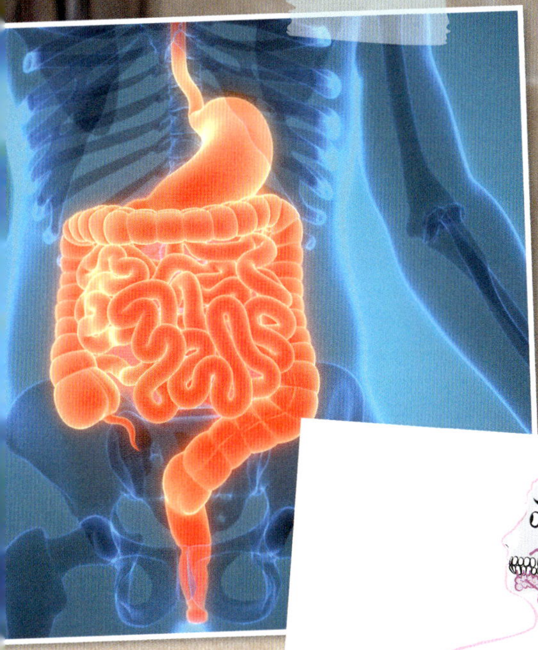

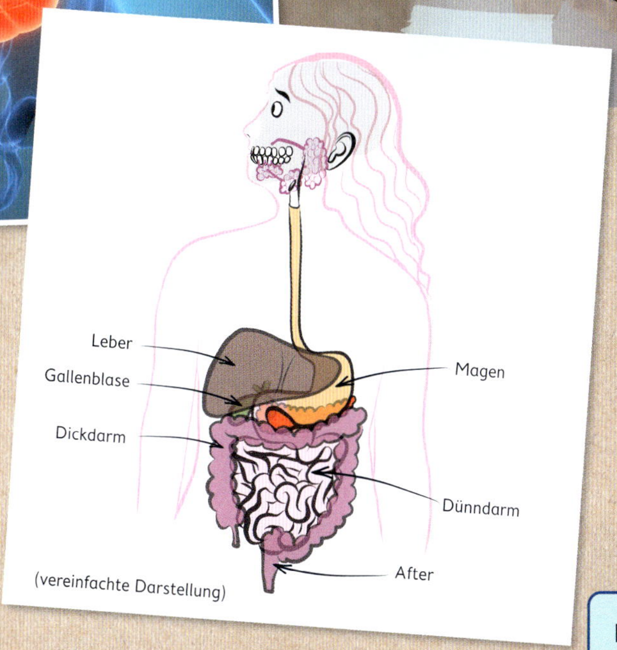

(vereinfachte Darstellung)

Das kannst du auch mal ausprobieren! Nimm eine lange Schnur (etwa einen halben Zentimeter Durchmesser, zum Beispiel Paketkordel) und einen Becher. Wenn du die Schnur um deine Hand wickelst und so windest, dann passt sie problemlos in den Becher hinein!

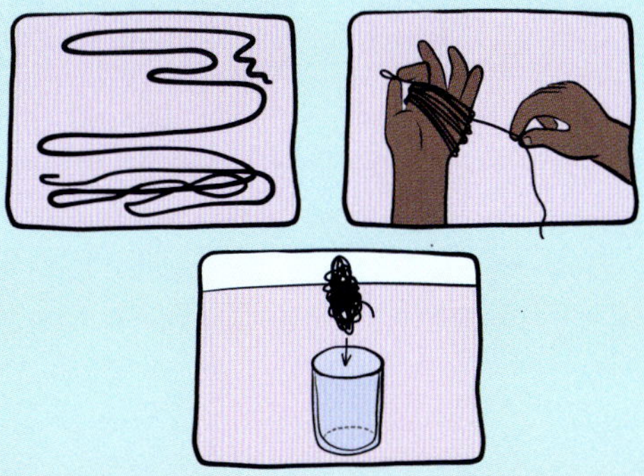

Wie arbeitet unser Darm?

Vom Magen aus gelangt der Speisebrei zunächst in den Dünndarm. Hier werden durch Enzyme, die von der Bauchspeicheldrüse in den Darm gegeben werden, die Nährstoffe so bearbeitet, dass sie über die Darmschleimhaut aufgenommen und ans Blut abgegeben werden können. Im Blut angelangt, werden sie über die sogenannte Pfortader in die Leber transportiert. Neben Nährstoffen wird hier auch Flüssigkeit aus dem Nahrungsbrei über die Darmwand aufgenommen und an das Blut abgegeben (ein bisschen so wie mit der Strumpfhose in deinem Experiment). Der Rest wandert weiter in den Dickdarm. Hier werden weitere Mineralstoffe und noch mehr Flüssigkeit aus dem Nahrungsbrei gezogen. Fertig ist die Wurst, könnte man sagen, denn was jetzt noch übrig ist, scheiden wir als Kot aus.

10 min. nein

Echt fett!

Wenn du mal eine große Portion Pommes futterst, dann hast du deinem Körper ziemlich viel Fett zugeführt. Die Leber produziert einen Stoff namens Galle und der hilft dabei, das Fett zu verarbeiten. Und wie macht die Galle das? Das kannst du anhand dieses Experiments sehen.

Du brauchst:

- ein Glas
- Wasser
- Kürbiskernöl
- einen Teelöffel
- klares Spülmittel

So geht's:

1. Fülle ein klares Glas zur Hälfte mit kaltem (!) Wasser. Gib einen Teelöffel Kürbiskernöl hinein. Du siehst nun große Öltropfen, die sich nicht mit dem Wasser vermischen.

2. Rühre das Ganze mit dem Löffel um und warte kurz. Es bildet sich eine flache durchgehende Ölschicht auf dem Wasser: Das Wasser und das Öl mischen sich nicht.

3. Nun gib einen Teelöffel klares Spülmittel hinzu und rühre wieder kräftig um. Aus den großen Öltropfen werden kleinste Öltröpfchen. Am besten siehst du die klitzekleinen Öltröpfchen, wenn du von der Seite auf das Glas schaust oder wartest, bis der Schaum verschwunden ist.

Warum entstehen kleine Öltröpfchen, wenn ich Spülmittel in das Wasser-Öl-Gemisch gebe?

Das Spülmittel in deinem Experiment macht eine ähnliche Arbeit wie die Galle in deinem Körper. Sie ist an der Zersetzung des mit der Nahrung aufgenommenen Fetts beteiligt und bildet klitzekleine kugelförmige Fetttröpfchen, die „Mizellen" genannt werden. In unserem Experiment haben die so genannten Tenside des Spülmittels ebenfalls kleine Fetttröpfchen gebildet, die sich besser mit dem Wasser vermischen können. Gallenflüssigkeit enthält Tenside – und Spülmittel auch. Wenn du zum Beispiel eine richtig fettige Pfanne spülen möchtest, helfen dir die Tenside das Fett von der Oberfläche der Pfanne abzulösen. Deswegen geht das mit Spülmittel sehr viel leichter als mit purem Wasser.

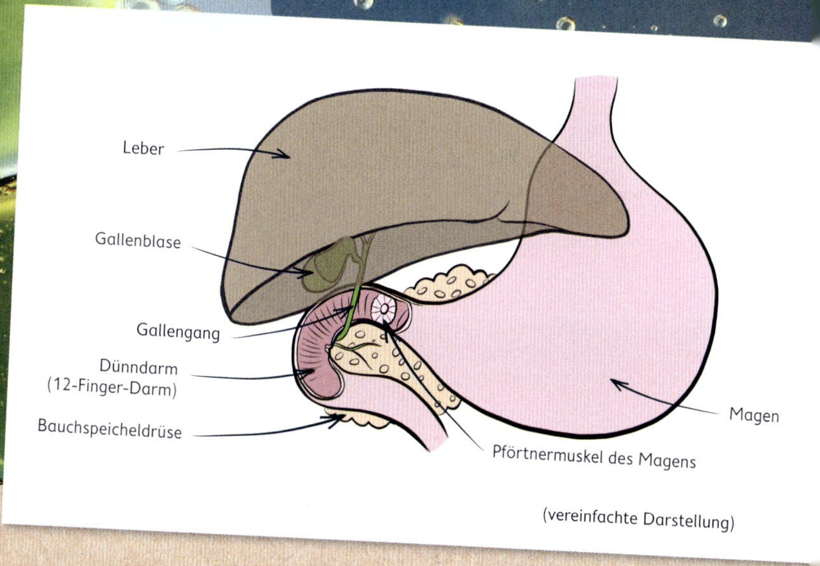

Wofür ist Galle wichtig?

Die sogenannte Galle ist eine Art Verdauungssaft, der natürliche Tenside enthält (z. B. Lecithin oder Gallensäure) und in der Leber gebildet wird. Sie wird über kleine Kanälchen in der Leber zu einem größeren Ausführungsgang geleitet und über diesen in den Zwölffingerdarm überführt. Die Galle bereitet die mit der Nahrung aufgenommenen Fette vor, so dass sie von der Darmwand leichter aufgenommen werden können. Das funktioniert ein bisschen so wie mit dem Spülmittel und dem Öl in deinem Experiment. Wird die Galle nicht gebraucht, kann der Körper diese in der Gallenblase zwischenspeichern und sie bei Bedarf (zum Beispiel nach dem Essen) von dort ausschütten. Außerdem transportiert die Galle Giftstoffe, die die Leber herausgefiltert hat, in den Darm zur Ausscheidung.

Was heißt eigentlich »Gift und Galle spucken«?

Das sagt man, wenn jemand so richtig wütend ist.

10 min. nein

Die Recyclinganlage des Körpers

Du brauchst:

- 2 weiße Müslischalen
- Wasser
- Sand
- Teelöffel
- leere, saubere Milchpackung
- Schere
- ein Sieb
- einen Schwamm

Die Leber ist ein echtes Superorgan. Sie befreit den Körper von giftigen Substanzen, produziert die Gallenflüssigkeit, die du aus dem vorherigen Experiment kennst, speichert Vitamine und Nährstoffe und vieles mehr. Danke, liebe Leber! Mach ein Experiment, das dir zeigt, wie die Leber arbeitet!

So geht's:

1. Fülle Wasser in eine der Müslischalen, gib einige Löffel Sand hinzu und rühre die Brühe um.

2. Schneide den Boden der Milchpackung circa 15 cm hoch ab und fülle etwa die Hälfte deiner Sandsuppe hinein.

3. Lege den Schwamm in das Sieb und stelle das Sieb auf die zweite Müslischale. Gieße die Brühe aus einer Ecke deiner Milchpackung langsam und nach und nach auf den Schwamm und achte darauf, dass nichts an der Seite entlangläuft.

4. Vergleiche nun die Flüssigkeiten in beiden Müslischalen. Was fällt dir auf?

Warum ist die Flüssigkeit in der zweiten Schüssel klarer?

Wenn die Flüssigkeit durch den Schwamm läuft, dann bleiben die festen und großen Teilchen, die in der Flüssigkeit enthalten sind, im oder auf dem Gewebe des Schwamms hängen. Die Flüssigkeit, die durch den Schwamm gekommen ist, enthält nur noch ganz feine und außerdem weniger Teilchen als die ursprüngliche Flüssigkeit. Das erklärt, warum die Flüssigkeit heller ist, nachdem sie durch den Schwamm gelaufen ist.

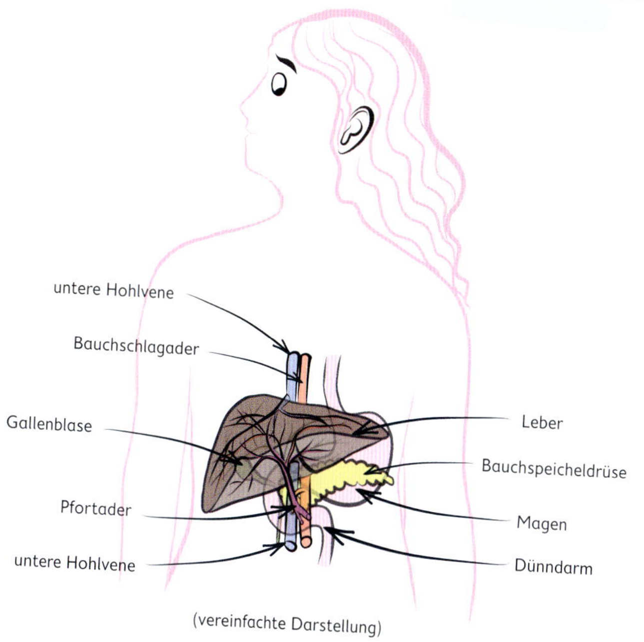

Was sind die Aufgaben der Leber?

Die Leber hat viele unterschiedliche Funktionen. Sie speichert für unseren Körper wichtige Nährstoffe, verwertet sie weiter und bildet Eiweiße und Bestandteile unseres Blutes. Eine sehr wichtige Aufgabe der Leber ist aber auch die Reinigung des Körpers von Giftstoffen. Wenn dein Darm aus der Nahrung Stoffe aufnimmt und an das Blut abgibt, damit der Körper sie für sich nutzen kann, fließt der allergrößte Teil dieses Blutes über ein besonderes Blutgefäß (die sogenannte Pfortader) in die Leber und wird dort (ein bisschen so wie in unserem Experiment mit dem Schwamm) „gefiltert". Manche Stoffe werden nicht gefiltert und können ungehindert die Leber passieren, andere Stoffe (zum Beispiel Giftstoffe oder Medikamente) werden von der Leber aufgehalten. Die Leber ist dafür zuständig, dass diese Stoffe keinen Schaden im Körper anrichten können.

Nun ist die Leber nicht wirklich ein Schwamm, der Teilchen im Blut aufhält. In Wirklichkeit filtert sie die Giftstoffe über verschiedene, ziemlich komplizierte Mechanismen heraus. Beteiligt sind hier oft Enzyme. Diese Enzyme verändern die Giftstoffe und wandeln sie möglichst in ungiftige Stoffe um. Die unschädlich gemachten Giftstoffe werden dann über die Galle oder die Niere aus dem Körper ausgeschieden.

20 min. ja

Alles sauber!

Kennst du das? Ein Stau auf der Autobahn und man muss mal sehr dringend Pipi. Das ist blöd. Aber auch nur, wenn man gerade im Stau steht. Eigentlich ist Pipi machen super, denn so können wir schädliche Substanzen loswerden. Und dabei hilft uns die Niere. Wie sie das macht, das lernst du hier!

Du brauchst:

- kleine 0,5 l-PET-Flasche mit Trinköffnung
- Brotmesser
- Brettchen
- Gartenhandschuhe
- Trinkhalm
- Tape
- Wasser
- 2 Gläser
- Sand
- Löffel
- Kaffeefilter

So geht's:

1. Lass eine erwachsene Person die Flasche halbieren. Das geht zum Beispiel mit einem Brotmesser. Am besten zur Sicherheit dabei Gartenhandschuhe anziehen.

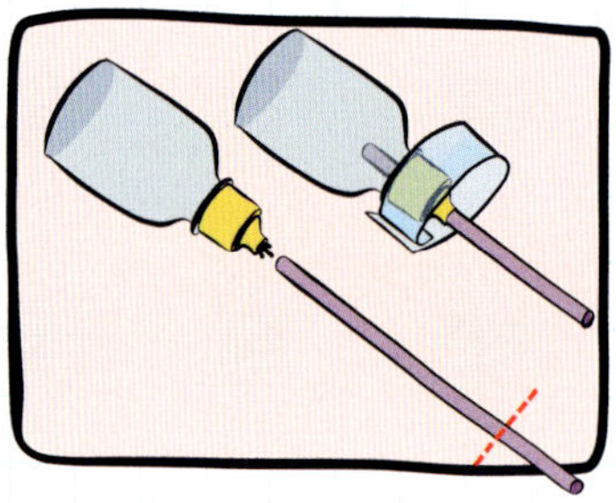

2. Kürze den Trinkhalm, stecke ihn durch die Öffnung und fixiere ihn so mit Tape, dass das Ende kurz hinter der Trinköffnung liegt.

3. Fülle Wasser in die Gläser, gib je einige Löffel Sand hinzu und rühre gut um.

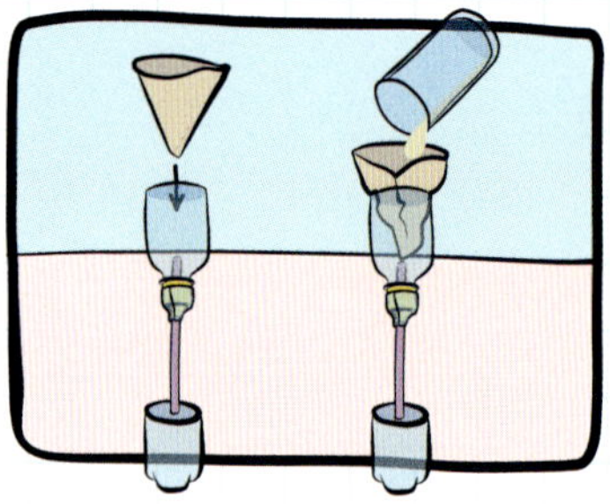

4. Stecke den Filter in das offene Ende der Flasche und halte die Öffnung des Strohhalms nun über den abgeschnittenen Boden der Flasche. Gieße die Sandbrühe eines Glases langsam in den Filter. Vergleiche nun die Brühe vor und nach dem Filtern. Schütte das gefilterte Wasser dazu zurück in das Glas. Siehst du einen Unterschied?

Warum sieht die Flüssigkeit heller aus, nachdem sie durch das Nierenmodell gelaufen ist?

Deine Sandsuppe ist trüb und du kannst nicht mehr hindurchschauen. Das liegt daran, dass sehr viele kleine Teilchen in der Brühe herumschweben und den Blick durch die Flüssigkeit verhindern. Schüttest du die Brühe nun in den Kaffeefilter, dann bleibt der überwiegende Teil der Teilchen im Filter hängen. Der Grund dafür ist, dass das Filterpapier winzige Löchlein hat, die sogenannten Poren, durch die die größeren Teilchen nicht durchkommen. Das Ergebnis ist eine wesentlich klarere Sandsuppe, in der nur noch minikleine Teilchen schweben.

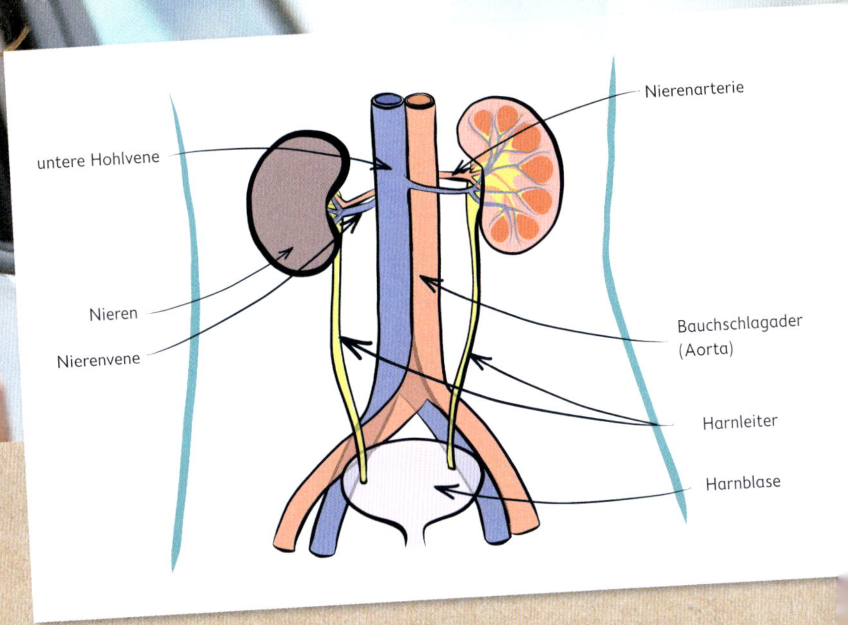

Welche Funktion hat die Niere und wie arbeitet sie?

Unsere Nieren haben, wie die meisten anderen Organe auch, mehrere Aufgaben.

Sie regulieren, wie viel Salz in unserem Blut ist, helfen dabei, neues Blut herzustellen und vieles mehr. Auch unser Blutdruck, also mit welchem Druck das Blut durch unsere Adern fließt, wird unter anderem durch die Nieren beeinflusst.

Ähnlich wie die Leber filtert die Niere Abfall- und Giftstoffe aus unserem Körper heraus, damit wir gesund bleiben. Die in den Nieren herausgefilterten Stoffe werden dann über den Urin (das Pipi) aus dem Körper herausgespült. Wie der Filter in unserem Experiment versuchen die Nieren unser Blut möglichst „sauber" zu halten. Ein erwachsener Mensch hat ca. 4,5-6 Liter Blut (ca. 4,5-6 Milchtüten). Unsere Nieren werden pro Minute von ca. 1,2 Liter Blut durchflossen, was in einer Stunde ca. 72 Liter Blutdurchfluss bedeutet. Überleg mal, wie viele Milchtüten das pro Tag sind ...

Check dein Wissen! ✔

Wenn du alle Experimente gemacht hast, dann bist du jetzt ein richtiger Profi und kannst bestimmt diese Fragen zum menschlichen Körper beantworten. Los geht`s!

1. **Wo im Körper befinden sich Hammer, Amboss und Steigbügel?**

   a. im Fuß
   b. im Mittelohr
   c. im Herzen

2. **Welcher Sinn ist bei Babys im Mutterleib zuallererst ausgebildet?**

   a. Tastsinn
   b. Geschmackssinn
   c. Geruchssinn

3. **Wie heißt die härteste Struktur in unserem Körper?**

   a. Zahnschmelz
   b. Knochen
   c. Rückenmark

4. **Welcher Muskel ist der stärkste in unserem Körper?**

   a. der Bizeps
   b. der Herzmuskel
   c. die Kaumuskeln

5. **Das Schultergelenk ist ein …**

   a. Sattelgelenk
   b. Scharniergelenk
   c. Kugelgelenk

6. Was ist unsere normale Körpertemperatur?

a. 36,5-37,4 Grad Celsius
b. 37,5-38,4 Grad Celsius
c. 39,5-40,4 Grad Celsius

7. Wo befinden sich Cortex, Thalamus und Hypothalamus?

a. im Fuß
b. im Gehirn
c. in der Wirbelsäule

8. Was fließt durch Venen?

a. Blut
b. Urin
c. Speichel

9. Was zieht sich bei einem Schluckauf zusammen?

a. die Leber
b. das Zwerchfell
c. der Magen

10. Wie lang ist der Darm beim Menschen?

a. 7 m
b. 14 m
c. 21 m

Auf Seite 63 findest du die Lösungen zu allen Rätseln!

Setze Dr. Klapper zusammen!

Ordne die Organe den richtigen Positionen bei Dr. Klapper zu. Die Umrisse helfen dir ein bisschen. Die Buchstaben bei den Organen ergeben in der richtigen Reihenfolge ein Lösungswort. Findest du es heraus?

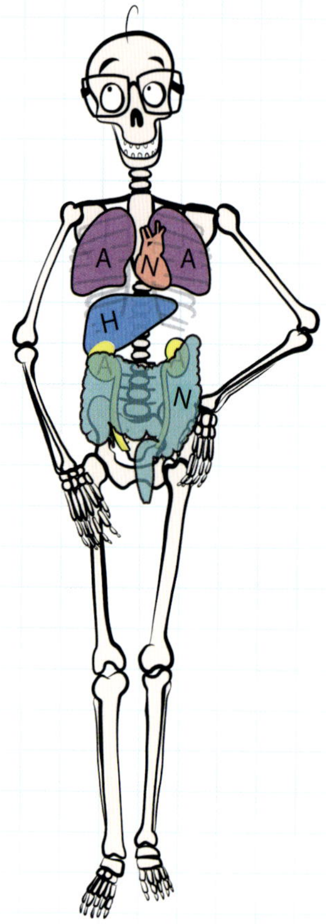

Schnapp dir Papier und Stift, dann kannst du dein Lösungswort notieren!

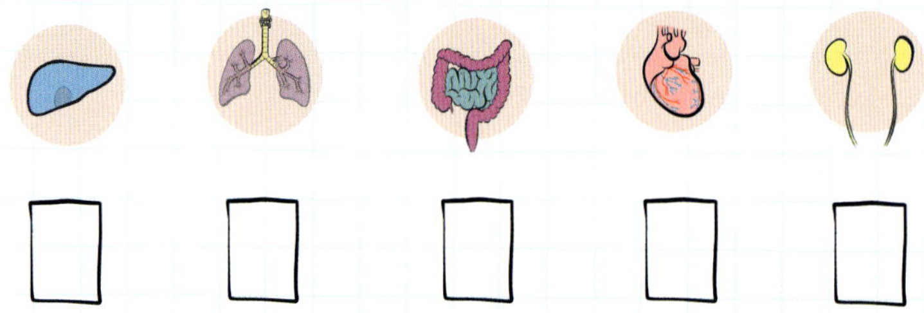

Auf Herz und Nieren

Dr. Klapper möchte Hanna erklären, wie das Herz-Kreislauf-System funktioniert. Doch bei dem Bild, das Hanna im Internet gefunden hat, stimmen ein paar Dinge nicht. Vergleiche es mit Dr. Klappers Poster und suche die fünf Fehler!

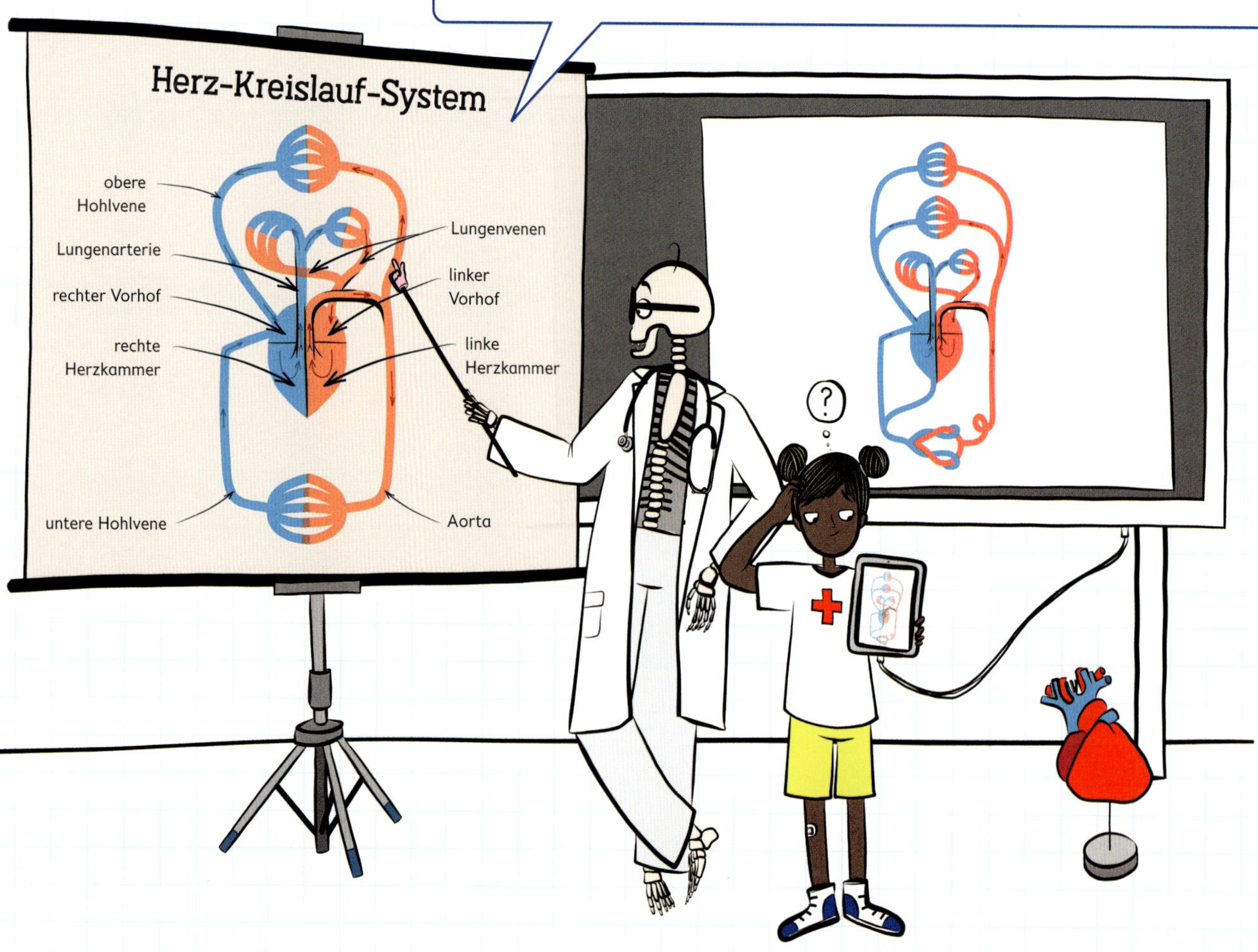

Schnell zur Toilette!

Hanna hat zu viel getrunken. Jetzt muss sie mal schnell zur Toilette. Kannst du ihr den Weg zeigen? An welchen Körperteilen kommt sie unterwegs vorbei? Weißt du, worum es sich handelt?

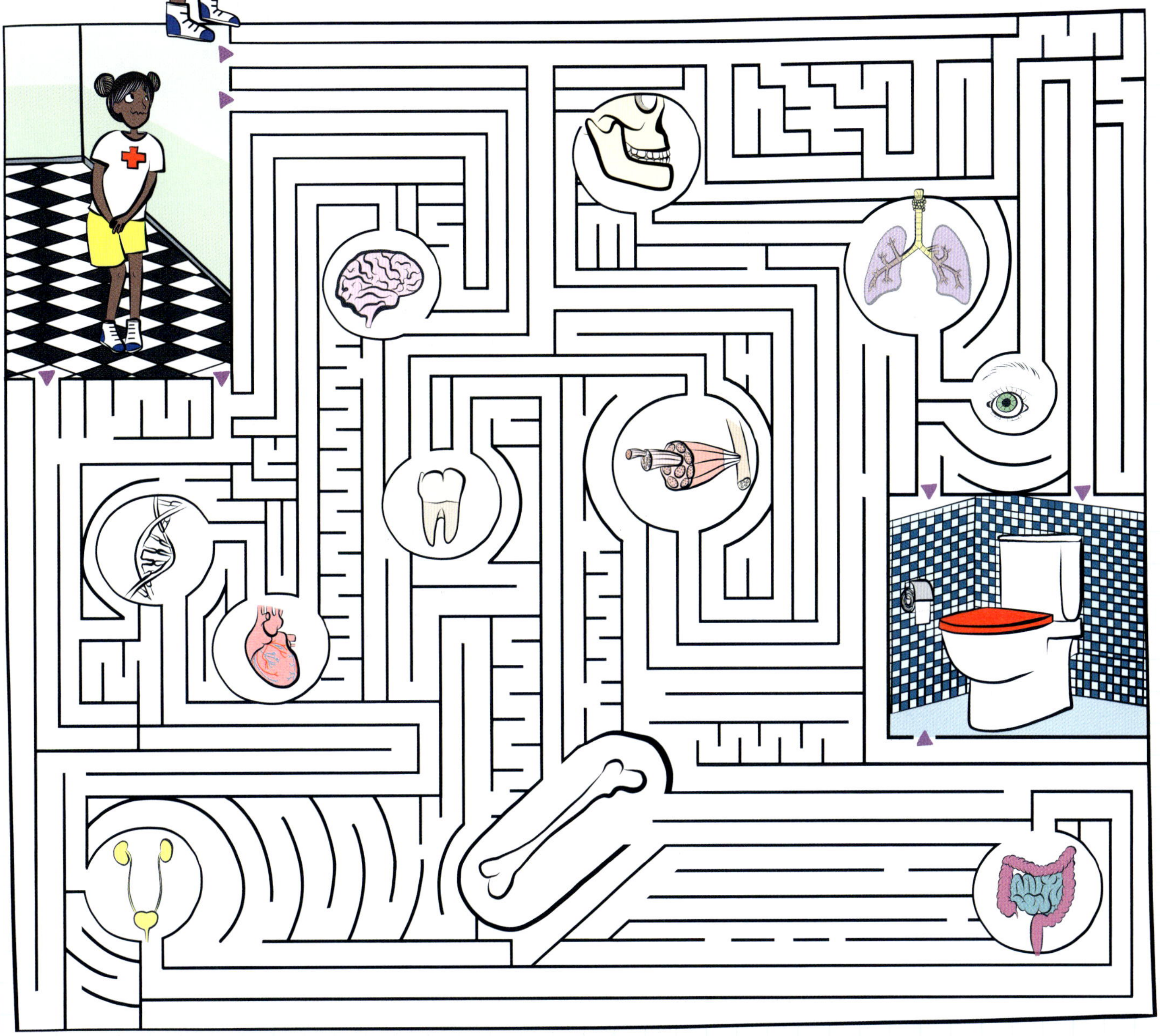

Richtig oder falsch?

Stimmt's oder stimmt's nicht? Lies die Aussagen von Hanna und Dr. Klapper. Wer hat wohl jeweils Recht?

DNS steht für „Darf nicht stinken“.

DNS steht für „Desoxyribonukleinsäure“.

Die Leber reinigt das Blut.

Die Leber hat gar keine Funktion mehr.

Verdauung fängt schon im Mund an.

Verdauung fängt im Darm an.

Die Netzhaut ist ein Teil der Nase.

Die Netzhaut ist ein Teil des Auges.

Lösungen

S. 58-59:

1. b) im Mittelohr
2. a) Tastsinn
3. a) Zahnschmelz
4. c) die Kaumuskeln
5. c) Kugelgelenk
6. a) 36,5-37,4 Grad Celsius
7. b) im Gehirn
8. a) Blut
9. b) das Zwerchfell
10. a) 7 m

S. 60:

H A N N A

Lösungswort: HANNA

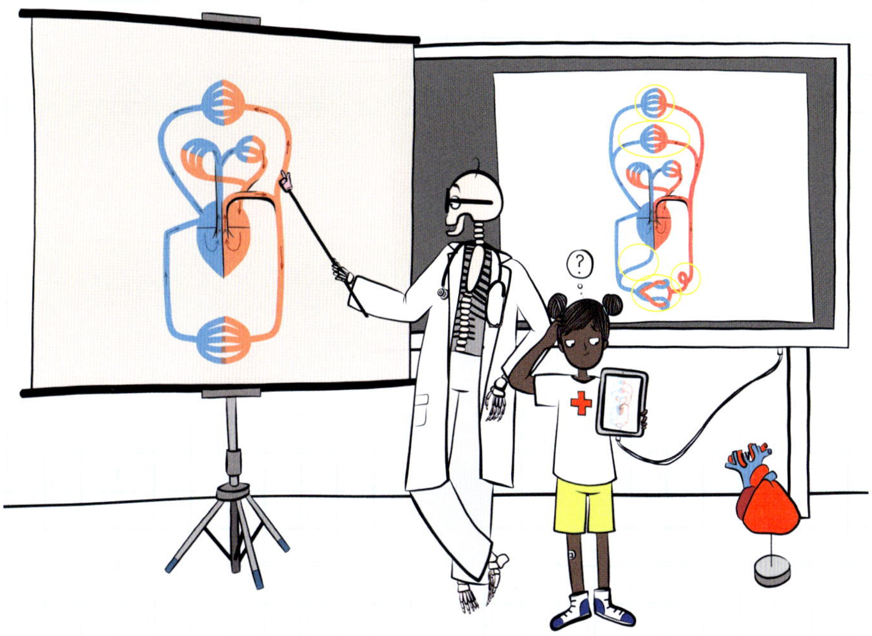

S. 61:

Hanna kommt an folgenden Körperteilen vorbei: Gehirn - Herz - DNS - Niere - Darm - Knochen - Zahn - Muskel - Kiefer - Lunge - Auge

S. 62:

DNS steht für „Desoxyribonukleinsäure".
Die Leber reinigt das Blut.
Verdauung fängt schon im Mund an.
Die Netzhaut ist ein Teil des Auges.

Lust auf noch mehr? PHÄNOMINT

WISSEN • FORSCHEN • STAUNEN

Nimm dir Zeit für die Zeit

Was ist eigentlich Zeit? Das, was Uhren messen? Der Verlauf von Stunden, Tagen und Jahren? Ein Gefühl? Dieses Buch geht dem Phänomen Zeit auf den Grund. Neben anschaulichen Erklärungen gibt es Experimente und Bastelanleitungen, z. B. den immerwährenden Kalender und eine Wasseruhr. Oder baue eine Ahnentafel mithilfe dieses Buches. So wird das Phänomen Zeit gleich viel greifbarer.

Martin Verg, Peter Zickermann: Die Zeit-Werkstatt
ISBN: 978-3-96455-302-7

Ich sehe was, was du nicht siehst

Nahezu alle Naturphänomene wie Schallwellen, UV-Licht, Elektrizität oder DNA sind unsichtbar – aber mit diesem Buch bleiben sie es nicht! Martin Verg hat sich einfache wie geniale Experimente einfallen lassen, um das Unsichtbare sichtbar werden zu lassen und nimmt den Phänomenen damit ihre Unvorstellbarkeit. Dieses Buch muss man gesehen haben!

Martin Verg, Peter Zickermann: Unsichtbares sichtbar machen
ISBN: 978-3-96455-254-9

In diesem Buch brummts, sirrts und pfeifts!

Dieses Buch steckt voller Forschungsprojekte rund um Klänge und ums Hören. In spannenden Experimenten kannst du erkunden, wie etwas klingt und weshalb das so ist. Du findest Schritt-für-Schritt-Anleitungen zum Bau von Instrumenten, und Ideen, um tierische und menschliche Geräusche zu erzeugen: Hier kannst du ebenso selbst gestaltete Katzen schnurren und Hühner gackern lassen. Sogar dein eigenes Pupskissen kannst du basteln, und gleichzeitig die wissenschaftlichen Zusammenhänge erforschen – Spaß garantiert!

Carola von Kessel, Lucie Göpfert: Das Soundlabor
ISBN: 978-3-96455-295-2

jedes Buch:
14,95 € (D), 15,40 € (A)

Weitere Geschenk- und Spielideen findet ihr im gut sortierten Buch- und Spielwarenhandel oder unter **www.moses-verlag.de**.

moses.